Ateliers de décoration de cupcakes

Titre original anglais : Cupcake Decorating LAB
Copyright © 2014 Éditions AdA Inc. pour la traduction française
Cette publication est publiée en accord avec Quarry Books, un membre de Quarto Publishing Group USA Inc,
Beverly, MA.

Éditeur : François Doucet
Traduction : Sylvie Trudeau
Révision linguistique : Féminin pluriel
Correction d'épreuves : Nancy Coulombe, Carine Paradis
Montage de la couverture : Sylvie Valois
Mise en pages : Sylvie Valois
Photographie : Eastwind Studio LLC
Stylisme culinaire : Brynn Keefe
ISBN : 978-2-89752-019-9
Première impression : 2014
Dépôt légal : 2014
Bibliothèque et Archives nationales du Québec
Bibliothèque Nationale du Canada

Éditions AdA Inc.
1385, boul. Lionel-Boulet
Varennes, Québec, Canada, J3X 1P7
Téléphone : 450-929-0296
Télécopieur : 450-929-0220
www.ada-inc.com
info@ada-inc.com
Diffusion
Canada : Éditions AdA Inc.
France : D.G. Diffusion
         Z.I. des Bogues
         31750 Escalquens — France
         Téléphone : 05.61.00.09.99
Suisse : Transat — 23.42.77.40
Belgique : D.G. Diffusion — 05.61.00.09.99

Imprimé en Chine

Participation de la SODEC.

SODEC

Nous reconnaissons l'aide financière du gouvernement du Canada par l'entremise du Fonds du livre du
Canada (FLC) pour nos activités d'édition.
Gouvernement du Québec — Programme de crédit d'impôt pour l'édition de livres — Gestion SODEC.

Ateliers de décoration de cupcakes

52 techniques, recettes et thèmes inspirants pour vos desserts préférés!

Bridget Thibeault

Traduit de l'anglais par
Sylvie Trudeau

Table des matières

Introduction

CHEZ LUNA, MA BOULANGERIE, NOUS PRÉPARONS CHAQUE JOUR
tous nos cupcakes, nos glaçages et autres pâtisseries à partir des meilleurs ingrédients possibles. Je crois aux vertus de la pâtisserie préparée à partir d'ingrédients
de base, et aussi qu'il faut consommer des aliments frais et de qualité. Je souhaite
donc que ce livre vous inspire à en faire autant. Toutefois, je suis également une
maman occupée et je comprends très bien que la pâtisserie et la décoration de
gâteaux exigent du temps. C'est l'une des nombreuses raisons pour lesquelles
j'adore les cupcakes. Ils sont faciles à préparer et beaucoup moins impressionnants à glacer et à décorer qu'un grand gâteau.

Ce livre présente des manières simples, amusantes et créatives de décorer des
cupcakes pour toutes les occasions. Certaines de ces décorations sont des œuvres
d'art, alors que d'autres sont simples et adorables. Une fois que vous maîtriserez
les rudiments de la décoration, ce livre vous encouragera à essayer les autres techniques « professionnelles » telles que la confection de fleurs en sucre, la décoration
à la glace royale avec la poche à douille et la création d'un gâteau de cupcakes. Vous
trouverez des conseils pour gagner du temps en confectionnant à l'avance les petits
détails et les ornements. Et vous profiterez d'une foule d'excellentes idées pour présenter vos cupcakes de manière contemporaine en vous servant d'objets usuels tels
que des verres à liqueur, des bocaux à conserves et des tasses à expresso. Combinez
les idées de quelques-uns de ces ateliers pour créer une fabuleuse table de desserts.
Amusez-vous bien avec ce livre et bonne dégustation de cupcakes!

Matériel pour la cuisson

Parmi les articles de base dont vous aurez besoin pour confectionner des cupcakes et réaliser les recettes présentées, on compte des moules à cupcakes (ou à muffins) de format standard, des caissettes de papier, une cuillère à crème glacée, un batteur à main ou un batteur sur socle, des bols à mélanger, des spatules, un fouet, des tasses à mesurer pour les ingrédients secs et les ingrédients liquides, des cuillères à mesurer, un tamis, des plaques à pâtisserie et une casserole moyenne.

Matériel pour la décoration de base

Voici certains des articles dont vous aurez besoin pour décorer les cupcakes : une spatule coudée de 10 cm (4 po) ; des poches à douille de 36 à 46 cm (14 à 18 po) ; de petits ciseaux d'artisanat ; des douilles (no 806 ou no 826 d'Ateco, no 804 d'Ateco, no 2 ronde, no 3, no 401 de Wilton ou no 79 ou no 81 d'Ateco, no 234 d'Ateco, no 1M ou no 2D de Wilton, no 21 ou no 30 d'Ateco, no 897 d'Ateco, no 070 d'Ateco, no 18 de Wilton ou d'Ateco) ; du colorant alimentaire en gel ou en pâte ; des cure-dents ; de petits bols allant au micro-ondes ; des décorations comestibles telles que des paillettes, du sucre cristallisé, des perles comestibles, et des nonpareilles multicolores ; une petite poche à douille en papier parchemin ; de petits pinceaux ; du papier parchemin (ou papier de cuisson) ou du papier ciré ; des bols à mélanger de tailles variées ; des pinces à sourcils ; un couteau d'office (ou petit couteau de cuisine) ; une planche à découper.

Le matériel pour les fleurs en sucre et les fondants comprend un rouleau à fondant, des emporte-pièces ronds, des emporte-pièces ronds à bords cannelés, un pinceau à pâtisserie, fondant coloré et pastillage, une roulette à pâtisserie ou à pizza, des pochoirs, de la poudre à lustrer (*luster dust* ou *shimmer dust*) ou de la poudre pour pétale (*petal dust*), des emporte-pièces en forme de fleurs de 2,5 à 7,5 cm (1 à 3 po), un coussinet de mousse, un outil à pastillage ou à fondant à embout sphérique, une boîte à œufs ou du papier d'aluminium, un moule en forme de fleur, une feuille ou un moule d'impression de nervures et de la colle comestible ou du blanc d'œuf.

Matériel pour certains ateliers

Pour certains des ateliers, il vous faudra, selon le cas, un emporte-pièce en forme de surf, une petite cuillère à crème glacée, un caquelon (ou poêlon à fondue), des brochettes, des tasses à expresso allant au four à micro-ondes, 2 flacons compressibles pour aliments, des cubes de sucre, des verres à fond plat (verres à whisky), un emporte-pièce en forme de robe sans manches, un moule à grands cupcakes avec caissettes de papier correspondantes, des fleurs en sucre, des verrines, des moules à cupcakes miniatures avec caissettes de papier correspondantes, des bocaux à conserves (de type Mason), des contenants à gâteau pousse-pousse (*push pop containers*), un moule à gâteau miniature, une grille de métal, une louche, des moules à cupcakes en silicone ou des ramequins en porcelaine, un plat à rôtir, un moule à fondant en silicone, une feuille d'impression en relief, des tampons de caoutchouc, des pots de terre cuite de 7,5 cm (3 po) et un moule à beignets miniatures antiadhésif.

Rudiments
du glaçage

UN CUPCAKE EST UNE GÂTERIE DÉLICIEUSE
qui bien souvent ne requiert pas de décoration élaborée. Un simple tourbillon de crème au beurre ou un nappage lustré peuvent suffire à égayer une fête, un mariage ou une table de desserts. Ajoutez des paillettes colorées pour donner une petite touche festive.

Dans ce module, vous apprendrez les techniques de base du glaçage avec divers types de glaçages. Ces cupcakes sont merveilleux tels quels ou peuvent servir de point de départ à une décoration plus ouvragée.

Glaçage à la crème au beurre

Ce qu'il vous faut

- cupcakes
- crème au beurre (recette à la p. 133)
- spatule coudée de 10 cm (4 po)

Il existe plus d'une manière de glacer un cupcake avec de la crème au beurre, et elles sont toutes aussi bonnes les unes que les autres. Avec un peu de pratique, vous pouvez développer votre propre méthode et choisir ce qui vous convient le mieux. Dans cet atelier, vous apprendrez la technique de base pour glacer un gâteau avec une petite spatule coudée. Et si vous n'êtes pas totalement satisfait du résultat, vous pouvez toujours parsemer vos gâteaux de décorations en sucre, qui ajoutent une jolie touche finale tout en camouflant les imperfections.

Conseil

Utilisez une cuillère à crème glacée pour déposer une cuillérée bien ronde de crème au beurre sur chaque cupcake. En prime, tous vos cupcakes recevront une quantité égale de glaçage !

(A) Déposer la crème au beurre au centre.

1. Déposer une bonne cuillérée de crème au beurre au centre du cupcake. (Voir A.)

2. Avec la spatule coudée, étaler le glaçage en spirale dans le sens des aiguilles d'une montre sur le dessus du cupcake. (Voir B.)

3. Terminer en revenant dans le sens contraire des aiguilles d'une montre vers le centre du cupcake. (Voir C.)

(B) Étaler en spirale dans le sens des aiguilles d'une montre.

(C) Revenir vers le centre.

ATELIER 2

Crème au beurre à la douille

Ce qu'il vous faut

- cupcake
- crème au beurre (recette à la p. 133)
- poche à douille de 36 à 46 cm (14 à 18 po)
- grande douille ronde lisse ou en étoile (n° 806 ou n° 826 d'Ateco)
- ciseaux
- spatule ou cuillère

Vous donnerez à vos cupcakes une allure professionnelle en y déposant un tourbillon de crème au beurre avec la poche à douille. Vous pouvez utiliser une douille à pâtisserie ronde ou en étoile ; faites des essais avec des douilles de différentes tailles. Exercez-vous d'abord sur un morceau de papier parchemin ou de papier ciré, puis reprenez la crème et réutilisez-la.

Remplissage d'une poche à douille

Formez un « C » avec la main. Repliez les bords de la poche sur votre main et remplissez-la. Tortillez l'extrémité de la poche pour bien la fermer ; fixez-la avec un lien torsadé ou de la pellicule plastique afin que le glaçage ne ressorte pas du sac. Pour attacher avec de la pellicule plastique, entortillez un morceau de pellicule pour en faire une cordelette, puis faites un nœud autour de la poche pour la fermer.

(A) *Déposer le glaçage à la cuillère dans la poche.*

(B) *Former un cercle.*

(C) *Continuer de déposer du glaçage sur le cercle de base.*

1. Couper une petite ouverture dans la pointe de la poche, suffisamment grande pour y faire sortir le bout de la douille. Placer la douille dans la poche.

2. Déposer la crème au beurre dans la poche en la remplissant à moitié. (Voir A.)

3. Tenir la poche verticalement, à angle droit, en plaçant la douille à environ 6 mm (¼ po) du centre d'un cupcake. Appliquer le glaçage en spirale dans le sens des aiguilles d'une montre en s'éloignant vers le bord du cupcake et en formant un cercle complet. (Voir B.)

4. Continuer à appliquer le glaçage sur le cercle de base en revenant vers le centre. (Voir C.)

5. Relâcher la pression sur la poche et retirer la douille d'un mouvement sec en l'inclinant légèrement pour faire une coupure nette. Si l'on retire la douille droit vers le haut, on obtiendra une petite crête sur le glaçage du cupcake. (Voir D.)

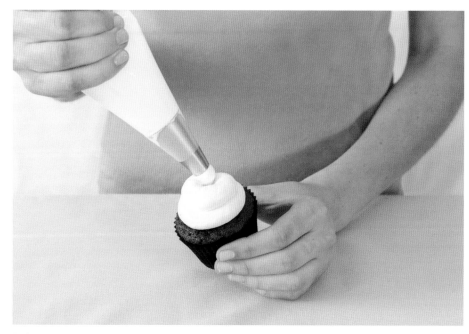

(D) *Relâcher la pression et retirer la douille.*

ATELIER 3

Coloration de la crème au beurre

Ce qu'il vous faut

- crème au beurre (recette à la p. 133)
- colorant alimentaire en gel ou en pâte
- petit bol allant au four à micro-ondes
- spatule ou cuillère
- cure-dents

La crème au beurre est très facile à colorer, mais voici quelques conseils dont il faut tenir compte pour obtenir la plus belle couleur possible. J'essaie de faire les choses le plus naturellement possible en pâtisserie, mais lorsqu'on a besoin de crème au beurre de couleur vive, il faut se tourner vers le colorant alimentaire. Dans cet atelier, vous apprendrez comment utiliser moins de colorant en le faisant chauffer avec la crème au beurre pour en intensifier la couleur.

Coloration des aliments

Ne vous servez pas de colorant alimentaire liquide. Vous trouverez des colorants en gel ou en pâte dans votre boutique d'artisanat locale ou dans un magasin spécialisé en décoration de gâteau. La couleur est beaucoup plus intense et le goût est plus subtil. Le gel et la pâte contiennent moins d'eau, ce qui ne modifiera pas la consistance de la crème au beurre. Le colorant en gel se mélange plus facilement que celui en pâte. Les flacons compressibles permettent de faire un travail plus propre.

Allons-y !

(A) Ajouter le colorant alimentaire en gel à la crème au beurre.

(B) Remuer pour incorporer.

1. Déposer une cuillérée de crème au beurre dans le bol allant au four à micro-ondes. Utiliser un cure-dents pour ajouter la quantité désirée de couleur en gel. (Voir A.) Chauffer le mélange pendant 10 secondes au four à micro-ondes. On peut aussi le faire fondre au bain-marie.

2. La crème au beurre colorée aura une consistance liquide. Bien remuer pour y incorporer la couleur. Celle-ci devrait être beaucoup plus intense que la couleur désirée. (Voir B.)

3. Ajouter la crème au beurre colorée au reste de la crème au beurre blanche dans le grand bol ; remuer pour incorporer uniformément. (Voir C.)

4. Si l'on désire obtenir une couleur plus intense, répéter le processus. Si l'on veut une couleur moins intense, ajouter de la crème au beurre blanche.

5. Il est possible que la crème au beurre soit trop molle pour pouvoir l'appliquer à la douille, parce qu'elle a été chauffée. La placer au réfrigérateur pendant quelques minutes pour la faire durcir, ou faire les glaçages de couleur à l'avance pour éviter cet inconvénient.

(C) Ajouter au bol de crème au beurre blanche.

Rayures à la crème au beurre

- cupcakes
- 2 couleurs de crème au beurre (recette à la p. 133 ; rose et verte sur la photo)
- poche de 36 à 46 cm (14 à 18 po) munie d'une grande douille en étoile (n° 826 d'Ateco)

La crème au beurre colorée enjolivera tous vos cupcakes. Dans cet atelier, vous apprendrez à faire des rayures à la crème au beurre de deux couleurs ou plus dans la poche à douille. Vous pouvez également appliquer cette technique en utilisant des nuances d'une même couleur pour créer des fleurs, des feuilles ou d'autres motifs.

Conseil

Créez des rayures multicolores en ajoutant des cordons plus fins de diverses couleurs à l'intérieur de la poche à douille.

Allons-y !

(A) Insérer une couleur dans la poche.

(B) Insérer la deuxième couleur dans le sac.

(C) Commencer à appliquer la crème à la douille.

1. Déposer la première couleur de crème au beurre dans la poche à douille, d'un côté, en allant de la douille vers le bord du sac. Ne pas laisser la crème au beurre toucher l'autre côté du sac. (Voir A.)

2. Insérer la deuxième couleur de crème au beurre le long de l'autre côté de la poche à douille. (Voir B.)

3. Sceller la poche et appliquer la crème au beurre en spirale sur un cupcake dans le sens des aiguilles d'une montre en s'éloignant vers le bord et en formant un cercle complet. (Voir C et D.) Continuer à appliquer le glaçage sur le cercle de base en revenant vers le centre pour ajouter de la crème au beurre.

4. Relâcher la pression sur la poche et retirer la douille d'un mouvement sec en l'inclinant légèrement pour faire une coupure nette. Si l'on retire la douille droit vers le haut, on obtiendra une petite crête sur le glaçage du cupcake.

(D) Terminer le cercle de glaçage.

Nappage à la ganache de chocolat

La ganache est très prisée des amateurs de chocolat. Ce nappage lustré vous permettra de créer un cupcake sophistiqué que vous décorerez simplement d'une belle framboise fraîche ou d'un filet de chocolat blanc. Notre cupcake « amour » est une gâterie par excellence pour souligner un anniversaire ou la Saint-Valentin.

Ce qu'il vous faut

- cupcakes
- ganache (recette à la p. 135)
- chocolat blanc fondu
- paillettes ou confettis comestibles (en forme de cœur sur la photo)
- spatule coudée de 10 cm (4 po)
- petite poche à douille en papier parchemin

Conseil

Le chocolat doit être à la bonne température pour pouvoir tracer des lettres, pas trop liquide ni trop épais. Exercez-vous à écrire sur du papier parchemin. Vous pouvez également vous servir de gels à décoration en tube du commerce.

Pour aller plus loin

Pour obtenir un aspect différent, réfrigérez la ganache ou laissez-la à la température de la pièce jusqu'à ce qu'elle soit suffisamment épaisse pour pouvoir l'appliquer à la douille. Déposez la ganache à la cuillère dans une poche à douille et appliquez-la selon les instructions de l'atelier 2 (p. 12). Voir cette technique dans l'atelier 27 (p. 72).

Allons-y!

(A) Tremper le cupcake dans la ganache.

1. Préparer la ganache et l'utiliser pendant qu'elle est encore chaude. Si la ganache est froide ou à la température de la pièce, la réchauffer au four à micro-ondes ou dans un bain-marie jusqu'à ce qu'elle soit fluide.
2. Au besoin, retirer la calotte du cupcake afin que le dessus soit plus plat ou seulement légèrement bombé.
3. Tremper le dessus du cupcake dans la ganache. (Voir A.) Laisser égoutter l'excédent de ganache pendant quelques secondes. (Voir B.)
4. Retourner le cupcake à l'endroit pour laisser prendre la ganache. Lisser les imperfections à l'aide de la spatule coudée. (Voir C.)
5. Remplir la poche à douille de chocolat blanc fondu et dessiner un motif. (Voir D.)
6. Parsemer de décorations comestibles.

(B) Laisser égoutter l'excédent.

(C) Lisser les imperfections.

(D) Dessiner un motif à la douille avec le chocolat blanc.

ATELIER 6 Nappage à la glace liquide

Ce qu'il vous faut

- cupcakes
- glace royale ou nappage aux fruits, de consistance liquide (recettes aux p. 136 et 135)
- fruits frais pour décorer (optionnel)
- spatule coudée de 10 cm (4 po)

Le nappage de glaçage est une technique très simple qui confère une belle finition lisse à vos cupcakes. Ils sont différents des traditionnels cupcakes à la crème au beurre, mais vous pouvez toujours les fourrer d'une délicieuse surprise à l'intérieur : crème au beurre, confiture, ganache ou tartinade au citron.

Conseil

Si vous ne voulez pas que votre glaçage coule jusqu'au bord, épaississez-le avec du sucre glace jusqu'à ce qu'il garde sa forme, puis étalez-le sur le cupcake.

Allons-y!

(A) *Vérifier la consistance du glaçage.*

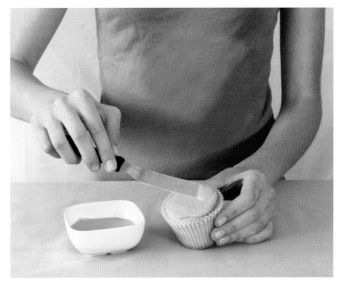

(B) *Étaler le glaçage sur le cupcake.*

1. S'assurer que le glaçage est suffisamment liquide pour glisser de la spatule afin qu'il se dépose uniformément sur le cupcake. (Voir A.)

2. En commençant par le centre, étaler le glaçage sur le cupcake à l'aide de la spatule. (Voir B.)

3. Étaler le glaçage jusqu'au bord, sans dépasser sur la caissette de papier. (Voir C.)

4. Garnir de fruits frais, si désiré.

5. On peut aussi tremper le cupcake dans le glaçage, comme dans l'atelier 5 (p. 18).

(C) *Étaler le glaçage jusqu'au bord, sans dépasser sur la caissette de papier.*

Fruits et fleurs cristallisés

DANS CE MODULE, VOUS APPRENDREZ
les techniques pour confire et cristalliser des fruits frais ainsi que des fleurs et des pétales comestibles. Leur beauté naturelle et leur incroyable goût en font des garnitures de choix pour les cupcakes. Selon les saisons, nous vous offrons des recettes avec des petits fruits d'été et d'autres avec des agrumes d'hiver. Il est possible de préparer des fleurs cristallisées des mois à l'avance pour pouvoir les utiliser à longueur d'année.

MODULE

Petits fruits cristallisés

Ce qu'il vous faut

- cupcakes déjà glacés
- petits fruits (framboises, bleuets et mûres sur la photo)
- sucre super fin
- blanc d'œuf
- cure-dents
- petit pinceau
- papier parchemin ou ciré

Les petits fruits sont très beaux en soi et n'ont donc pas besoin d'ornement supplémentaire lorsqu'ils sont de saison. Mais lorsqu'ils sont essentiels à la confection de nombreux desserts le reste de l'année, nous devons bien souvent les glacer ou les faire macérer dans le sucre pour en rehausser la saveur. Dans cet atelier, vous apprendrez à cristalliser les petits fruits pour ajouter un petit air de fête.

Conseil

Pour fabriquer du sucre super fin, ou sucre semoule, mélangez du sucre blanc ordinaire dans le robot culinaire muni d'une lame d'acier pendant 1 à 2 minutes. Vous devriez obtenir un sucre beaucoup plus fin, presque réduit en poudre.

(A) *Insérer un cure-dents.*

(B) *Badigeonner de blanc d'œuf.*

(C) *Saupoudrer le fruit de sucre.*

1. Insérer un cure-dents dans un fruit. (Voir A.)
2. Badigeonner le fruit d'une mince couche de blanc d'œuf. (Voir B.)
3. Saupoudrer légèrement le fruit de sucre tout en le faisant tourner. (Voir C.)
4. Continuer à tourner jusqu'à ce que le fruit soit entièrement recouvert de sucre.
5. Laisser les fruits sécher pendant au moins 30 minutes sur du papier parchemin ou du papier ciré.
6. Disposer la garniture sur ses cupcakes préférés.

Cristallisation de vos fruits préférés

Certains fruits tels que les poires Seckel, les prunes, les raisins et les pommes d'api sont très jolis lorsqu'ils sont cristallisés. Badigeonnez-les de blanc d'œuf et roulez-les dans le sucre. Utilisez ces fruits un peu plus gros pour décorer des gâteaux ou regroupez-les dans un joli bol pour en faire un centre de table.

Panier de pêches

- cupcakes
- crème au beurre colorée
  (recette à la p. 133 ; orange,
  rouge et jaune sur la photo)
- sucre cristallisé blanc
- bonbons Tootsie Roll
- feuilles en fondant
- spatule coudée de 10 cm
  (4 po)
- ciseaux

Des cupcakes disposés comme des fruits dans un panier ajoutent une touche d'authenticité à un pique-nique. Dans cet atelier, vous apprendrez à faire des cupcakes en forme de pêche, mais vous pouvez adapter cette technique à tout autre fruit rond. Si vous voulez ajouter un peu de brillant à vos cupcakes, utilisez la méthode de cristallisation de la crème au beurre expliquée ci-contre.

Conseil

Vous pouvez utiliser des bonbons à la gelée à la menthe en forme de feuille au lieu de feuilles en fondant.

Allons-y !

(A) Ajouter la crème au beurre jaune.

(B) Incorporer une touche de crème au beurre rouge.

(C) Tremper le cupcake dans le sucre.

1. Glacer la moitié de chaque cupcake avec la crème au beurre orange.

2. Glacer l'autre moitié avec la crème au beurre jaune. (Voir A.)

3. Ajouter une touche de crème au beurre rouge et étaler les couleurs ensemble pour obtenir un aspect naturel de pêche. (Voir B.)

4. Tremper le dessus du cupcake dans le sucre cristallisé pour le recouvrir. (Voir C.)

5. Couper un bonbon Tootsie Roll en quatre sur la longueur pour faire les pédoncules des fruits.

6. Déposer un pédoncule et une feuille de fondant sur chaque cupcake. (Voir D.)

Pour aller plus loin

Confectionnez un panier de fruits mélangés en utilisant les couleurs de glaçage appropriées pour des pommes, des pêches, des prunes, des oranges et des citrons.

(D) Ajouter un pédoncule et une feuille.

9 Fleurs cristallisées

Ce qu'il vous faut

- cupcakes déjà glacés
- fleurs comestibles (biologiques et non toxiques) telles que des violettes, des pensées, des fleurs de camomille et des roses
- 1 blanc d'œuf
- sucre super fin
- ciseaux
- pince à sourcils
- petit pinceau
- papier parchemin ou ciré

Les fleurs cristallisées constituent une jolie décoration de cupcakes pour l'heure du thé, pour un goûter ou une réception-cadeaux pour ces dames. C'est un excellent projet à réaliser d'avance, parce que les fleurs confites se conservent pendant plusieurs mois. Assurez-vous de demander des fleurs biologiques et non toxiques à de votre fleuriste ou au marché. Les marchés fermiers locaux sont une excellente source d'approvisionnement de fleurs comestibles. Ou à tout le moins, vous pourrez vous renseigner pour savoir où les trouver.

Conservation des fleurs confites

Les fleurs cristallisées se conservent jusqu'à trois mois si elles sont entreposées adéquatement. Assurez-vous que les fleurs sont complètement sèches avant de les emballer. Cela pourrait prendre deux ou trois jours, selon la taille des fleurs. Conservez-les en une seule couche sur du papier parchemin dans un contenant hermétique à la température de la pièce.

Allons-y !

1. Couper les tiges des fleurs en en conservant 1,25 cm (½ po).
2. Diluer le blanc d'œuf avec quelques gouttes d'eau.
3. Tenir une fleur avec la pince et appliquer au pinceau une mince couche de blanc d'œuf sur toute la fleur. (Voir A.)
4. Saupoudrer la fleur d'un peu de sucre en la secouant pour retirer l'excédent. (Voir B.)
5. Déposer la fleur sur un morceau de papier parchemin et laisser sécher quelques heures.
6. Disposer les fleurs sur ses cupcakes préférés.

CI-CONTRE : Ces cupcakes ont été glacés avec une glace royale épaisse (p. 136).

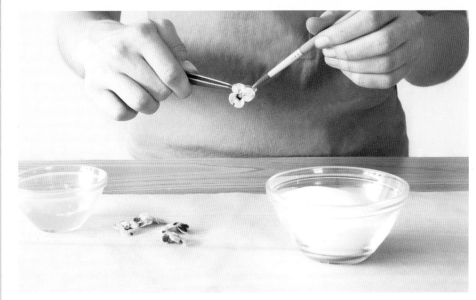

(A) *Badigeonner la fleur de blanc d'œuf.*

(B) *Saupoudrer la fleur de sucre.*

10 Tranches d'agrumes confites

Ce qu'il vous faut

- cupcakes déjà glacés
- agrumes tels que citrons, limettes, oranges et kumquats
- sucre blanc
- sucre cristallisé

Il existe plusieurs manières de couper les agrumes pour les confire. Toutes donnent des fruits très jolis et délicieux. Les agrumes confits ont l'air sophistiqués, mais en réalité, ils sont tout simples à réaliser et se conservent longtemps. Dans cet atelier, vous conserverez les agrumes dans leur propre sirop et vous vous en servirez comme garniture pour vos cupcakes. Cependant, vous pouvez aussi les faire sécher, puis les rouler dans le sucre pour obtenir une version plus sèche et plus ferme.

Conseils

- Utilisez le reste de sirop pour badigeonner des cupcakes, des étages de gâteau ou pour parfumer des boissons.

- Pour obtenir une tranche d'agrume séchée, au lieu de conserver le fruit confit dans du sirop simple, laissez-le sécher su r une grille et conservez-le dans un contenant hermétique.

Allons-y!

1. Trancher un fruit entier en rondelles de 6 mm (¼ po) d'épaisseur. Retirer tous les pépins que l'on voit.

2. Pour réduire l'amertume, déposer les tranches dans une casserole avec juste assez d'eau pour les recouvrir. Amener l'eau à ébullition, égoutter et répéter. Retirer les rondelles.

3. Dans la même casserole et en utilisant suffisamment de liquide pour recouvrir les tranches, amener à ébullition du sucre et de l'eau en parts égales. Une fois le sucre dissous, remettre les rondelles de fruits dans la casserole. Laisser mijoter les tranches dans ce sirop simple pendant au moins 30 minutes. Retirer la casserole du feu et la poser sur une grille pour laisser refroidir le contenu.

4. Conserver les tranches au réfrigérateur dans le sirop simple. Égoutter les fruits avant de s'en servir.

5. Pour décorer, utiliser une diversité de techniques. Enrober les moitiés de tranches de limette et les kumquats de sucre cristallisé. (Voir A.) Faire une incision dans une tranche d'orange et entortiller celle-ci comme une rose. (Voir B.) Déposer des agrumes confits sur des cupcakes.

Boucles d'agrumes

Retirez de longues bandes de zeste avec un éplucheur à légumes en évitant la partie blanche. Coupez ces bandes en lanières de 6 mm (¼ po) avec un couteau d'office. Traitez ces zestes selon les instructions données ci-dessus, à partir de l'étape 2.

(A) Enrober les bords de sucre.

(B) Faire une incision et tourner comme une rose.

Fondant

LE FONDANT ROULÉ EST UNE PÂTE À SUCRE QUI, pendant des années, servait presque exclusivement à décorer les gâteaux de mariage. Récemment, le fondant est devenu très populaire pour réaliser des décorations de base pour les gâteaux, les biscuits et les cupcakes. Cette pâte comporte de la gélatine, qui garde la pâte malléable de sorte que l'on peut la rouler ou la sculpter pour faire des formes et des personnages. Le fondant n'est pas difficile à réaliser, mais je préfère acheter dans le commerce un fondant de bonne qualité, qui est bon au goût et facile à manier. Dans ce module, vous apprendrez à recouvrir des cupcakes avec du fondant, à utiliser des moules et des feuilles d'impression en relief, et à réaliser des décorations pour cupcakes en fondant.

MODULE

3

- cupcakes
- fondant
- fécule de maïs
- crème au beurre (recette à la p. 133)
- rouleau à fondant
- emporte-pièce rond d'environ 5,7 cm (2¼ po) de diamètre
- pinceau à pâtisserie ou pinceau
- spatule coudée de 10 cm (4 po)

Le fondant est une matière merveilleuse pour recouvrir un gâteau ou des cupcakes. Il vous permet de commencer votre création par une belle surface lisse, comme la toile d'un peintre. À partir de là, les options sont infinies. Et les enfants adorent sa texture et sa saveur moelleuses, semblables à celles de la guimauve ! Voyez ci-dessous deux exemples de motifs que vous pouvez réaliser avec du fondant : les images du haut sont tirées de l'atelier 12 (p. 36) alors que l'image du bas provient de l'atelier 22 (p. 60).

Pour aller plus loin

Au lieu de la crème au beurre, étalez de la ganache ou de la confiture sous le fondant. Si la confiture est grume-leuse, éclaircissez-la en y ajoutant quelques gouttes d'eau chaude pour la rendre plus facile à étaler.

(A) Saupoudrer de fécule de maïs.

(B) Abaisser le fondant au rouleau.

(D) Étaler la crème au beurre sur le cupcake.

1. Pétrir le fondant jusqu'à ce qu'il soit malléable. Saupoudrer la surface de travail de fécule de maïs pour empêcher le fondant d'y coller. (Voir A.) Abaisser le fondant au rouleau à une épaisseur 6 mm (¼ po). À mesure qu'on roule, saupoudrer le fondant de fécule de maïs et vérifier sous celui-ci pour s'assurer qu'il ne colle pas. (Voir B.) Saupoudrer la surface de travail de plus de fécule de maïs, au besoin.

2. Découper un cercle de fondant avec l'emporte-pièce. Celui-ci devrait avoir le même diamètre que le dessus des cupcakes. (Voir C.) Enlever l'excédent de fécule de maïs avec un pinceau sec.

3. Avec la spatule coudée, étaler une mince couche de crème au beurre lisse sur un cupcake. (Voir D.)

4. Poser le cercle de fondant sur le cupcake et le lisser sur le dessus et le pourtour du gâteau. (Voir E.)

(C) Découper un cercle de fondant.

(E) Placer le fondant sur le cupcake et le lisser.

Conseils

- Le sucre glace est une bonne solution de rechange à la fécule de maïs. Cependant, il vaut mieux utiliser la fécule de maïs parce qu'elle est plus sèche, et qu'elle ne contient pas de sucre qui peut rendre collante la pâte à fondant.

- Si le dessus du cupcake est en forme de dôme, coupez la calotte avant de glacer le gâteau.

- Remplissez de fécule de maïs une boule à thé pour faciliter le saupoudrage. (Voir A.)

- Utilisez un pinceau à pâtisserie sec pour retirer la fécule de maïs du fondant. Pour donner un aspect luisant au fondant, badigeonnez-le d'alcool clair, comme de la vodka. Pour obtenir un léger chatoiement, ajoutez une petite quantité de poudre à lustrer à la vodka.

Moules en silicone

- cupcakes recouverts de fondant (bleu sur la photo)
- fécule de maïs
- fondant coloré (rose, vert et brun sur la photo)
- moule en silicone (fleur de cerisier ou autre motif au choix)
- petit pinceau

On se sert de moules en silicone pour fabriquer des décorations détaillées en fondant et en pastillage. Ils peuvent également servir à confectionner des chocolats, des bonbons, des formes d'argile, des glaçons, des formes de beurre et à une foule d'autres applications. Ils sont mous et souples et peuvent passer du four au congélateur sans se déformer. Cependant, ils coûtent cher. Alors, avant d'acheter un moule en silicone, demandez-vous si vous le réutiliserez.

Conseil

Pour gagner du temps, vous pouvez confectionner vos formes moulées à l'avance. Cependant, une fois qu'elles auront séché, elles ne pourront plus se courber pour épouser la forme du cupcake.

Allons-y !

(A) Saupoudrer le moule de fécule de maïs.

(B) Presser le fondant dans le moule.

1. Saupoudrer le moule de fécule de maïs pour empêcher le fondant d'y coller. (Voir A.)

2. Prendre un morceau de fondant de la taille correspondant au moule. Presser le fondant dans le moule. (Voir B.)

3. Plier le moule pour faire sortir la forme en fondant. (Voir C.)

4. Badigeonner légèrement l'envers de la forme en fondant avec de l'eau pour enlever toute trace de fécule de maïs et pour la rendre collante. (Voir D.)

5. Déposer la forme en fondant sur le cupcake. (Voir E.)

(C) Plier le moule pour dégager la forme.

(D) Badigeonner l'envers du fondant avec de l'eau.

(E) Déposer sur le cupcake.

ATELIER 13

Feuilles d'impression en relief

Ce qu'il vous faut

- cupcakes
- fondant coloré
  (vert sur la photo)
- fécule de maïs
- cupcake recouvert d'une
  mince couche de crème au
  beurre (recette à la p. 133)
- petit rouleau à fondant
- feuille d'impression en relief
- emporte-pièce rond de
  5,7 cm (2¼ po)
- petit pinceau

Conseils

- Vous pouvez confectionner les
  cercles de fondant à l'avance, les
  faire sécher et les utiliser comme
  décorations sur des cupcakes
  glacés.
- Les moules en plastique sont
  abordables et sont souvent offerts en
  une grande variété de formes et de
  tailles. Les moules en plastique ne
  sont pas aussi souples que ceux en
  silicone; il est donc plus difficile d'en
  dégager le fondant, mais ils sont
  utiles pour faire des formes simples.

Les feuilles d'impression en relief ajoutent de la texture et un motif précis à votre fondant. On s'en sert souvent pour décorer de grands gâteaux, mais elles sont également excellentes pour les cupcakes. Ces feuilles ne sont généralement pas aussi détaillées que les moules en silicone, mais elles sont plus abordables parce qu'elles sont faites de plastique.

Allons-y !

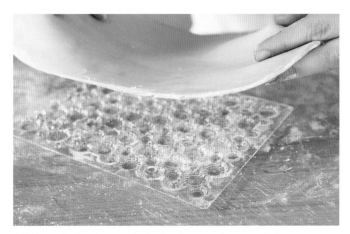

(A) Poser le fondant sur la feuille d'impression en relief.

(C) Découper un cercle.

(B) Appuyer sur le fondant avec les doigts pour imprimer le plus de détails possible.

(D) Poser le fondant sur le cupcake et mettre en place.

1. Abaisser le fondant au rouleau à une épaisseur de 6 mm (¼ po). Voir l'atelier 11 (p. 34) pour la manière d'abaisser du fondant.

2. Déposer la plaque de fondant sur la feuille d'impression en relief. (Voir A.)

3. Appuyer avec le rouleau ou pressez le fondant dans la feuille avec les doigts. (Voir B.) Retirer la feuille d'impression en relief.

4. Découper un cercle de fondant avec l'emporte-pièce. (Voir C.) Enlever l'excédent de fécule de maïs avec un pinceau sec.

5. Poser le cercle de fondant sur le cupcake et l'étaler bien sur le dessus et le pourtour du gâteau. Décorer avec des boutons en fondant, si désiré. (Voir D.)

14 Estampage sur fondant

Ce qu'il vous faut

- cupcakes déjà glacés
- fondant coloré
  (gris sur la photo)
- fécule de maïs
- colorant alimentaire en gel
  (noir et rouge sur la photo)
- rouleau à fondant
- tampons de caoutchouc
  (tour Eiffel et cœur,
  ou motifs au choix)
- petit pinceau
- emporte-pièce rond de 5 cm
  (2 po)

L'estampage est un moyen simple et rapide d'obtenir un motif détaillé pour décorer vos cupcakes. Il existe de nombreux types de tampons dans les magasins d'artisanat ; vous pouvez également vous procurer des tampons sur mesure avec votre monogramme ou un autre motif pour un mariage ou une réception-cadeaux.

Conseils

- Assurez-vous que le tampon de caoutchouc est plus petit que l'emporte-pièce.
- Vous pouvez confectionner les cercles de fondant à l'avance. Laissez-les sécher quelques heures sur une plaque à pâtisserie, puis conservez-les à la température de la pièce dans un contenant hermétique en ayant pris soin de mettre une feuille de papier parchemin ou de papier ciré entre les couches de cercles.
- Vous pouvez découper les cercles de fondant avant de les estamper. Cependant, il est plus facile de réaliser l'estampage sur un plus grand morceau de fondant et de découper les disques ensuite.

Allons-y!

(A) Enduire le tampon de colorant alimentaire.

(B) Estamper le fondant.

(C) Découper un cercle.

(D) Estamper de nouveau.

1. Abaisser le fondant au rouleau à une épaisseur de 6 mm (¼ po). Voir l'atelier 11 (p. 34) pour les détails sur la manière d'abaisser du fondant.

2. Enduire uniformément le plus grand tampon de colorant alimentaire. (Voir A.) Estamper le fondant en laissant suffisamment d'espace entre les motifs pour découper les disques de fondant. (Voir B.) Appliquer de nouveau du colorant sur le tampon au besoin.

3. Se servir de l'emporte-pièce rond pour découper des cercles de fondant. (Voir C.) Estamper un autre motif pour remplir l'espace vide, si désiré. (Voir D.) Laisser sécher les cercles de fondant pendant quelques heures.

4. Déposer les cercles sur les cupcakes préalablement glacés.

Pour aller plus loin

Pour obtenir un motif de fond répété, estampez simplement le motif sur la totalité du fondant abaissé. Passez à l'étape 3.

ATELIER 15

Motifs au pochoir sur fondant

Ce qu'il vous faut

- cupcakes déjà glacés
- fondant
- fécule de maïs
- glace royale (recette à la p. 136 ; consistance de pics mous ; blanc comme sur la photo, ou couleur au choix)
- sucre cristallisé blanc
- rouleau à fondant
- pochoir (flocon de neige et motifs de volutes comme sur la photo, ou motifs au choix)
- spatule coudée de 10 cm (4 po)
- emporte-pièce rond de 5 cm (2 po)

Les motifs au pochoir vous permettent d'ajouter quantité de détails sur vos créations aisément. Il faut bien sûr s'exercer, mais c'est beaucoup plus rapide que tracer tous ces petits détails à la poche à douille. Une fois que vous avez retiré le pochoir, vous pouvez laisser le glaçage tel quel ou le saupoudrer de sucre cristallisé, alors qu'il est encore humide.

Conseils

- Il vous faudra nettoyer votre pochoir régulièrement si le glaçage coule dessous.
- Vous pouvez confectionner les cercles de fondant à l'avance. Les laisser sécher quelques heures sur une plaque à pâtisserie. Les conserver à la température de la pièce dans un contenant hermétique en plaçant une feuille de papier parchemin ou de papier ciré entre les couches de cercles.

(A) Étaler le glaçage sur le pochoir.

(B) Retirer l'excédent de glaçage.

(C) Enlever le pochoir.

(D) Découper des cercles.

(E) Saupoudrer de sucre.

1. Abaisser le fondant au rouleau à une épaisseur de 6 mm (¼ po). Voir l'atelier 11 (p. 34) pour les détails sur la manière d'abaisser du fondant.

2. Poser le pochoir à plat sur le fondant. Tenir une extrémité du pochoir en place et étaler une mince couche de glace royale sur le pochoir avec la spatule. (Voir A.) Retirer l'excédent avec la spatule afin d'obtenir une couche mince et uniforme. (Voir B.) Retirer le pochoir du fondant en le soulevant délicatement. (Voir C.)

3. Se servir de l'emporte-pièce rond pour découper des cercles de fondant. (Voir D.) Prendre soin de ne pas faire de bavures sur le motif lorsqu'on déplace les cercles de fondant. Si on le désire, saupoudrer les cercles avec du sucre cristallisé avant que le glaçage ne sèche. (Voir E.) Laisser sécher les cercles de fondant pendant quelques heures.

4. Déposer les cercles sur les cupcakes.

Glace royale

LA GLACE ROYALE EST UN GLAÇAGE BLANC ET
lisse fait avec des blancs d'œufs et du sucre glace. Elle se colore
facilement. On peut épaissir la glace royale afin de tracer de fins
détails à l'aide de la poche à douille, ou l'éclaircir et s'en servir
pour remplir des motifs préalablement tracés à la douille. Dans
les deux cas, elle durcit en séchant lorsqu'on la laisse à la température de la pièce. Dans ce module, vous apprendrez quelques
techniques de décoration avec la poche à douille, vous réaliserez
des décorations en filigrane et vous décorerez des biscuits au
sucre.

MODULE 4

ATELIER 16

Motifs à la douille sur fondant

Ce qu'il vous faut

- cupcakes recouverts de fondant
- glace royale (recette à la p. 136 ; consistance de pics moyens) dans une poche de 30 cm (12 po) munie d'une douille ronde n° 2
- alcool clair (comme de la vodka)
- poudre à lustrer comestible (argentée sur la photo)
- perles comestibles (argentées sur la photo)
- petit pinceau

La glace royale est idéale pour tracer des motifs complexes avec la poche à douille sur du fondant. La crème au beurre n'est pas le meilleur choix, parce qu'elle contient souvent des petites bulles d'air et qu'elle n'a pas cette apparence lisse et lustrée. Les volutes présentées sur le cupcake de l'image ci-dessous sont des motifs très populaires pour les gâteaux de mariage. Elles exigent un peu de pratique, mais le résultat final est un tracé qui ne manque pas d'élégance.

Conseils

- Si vous vous trompez, enlevez la glace royale avec une spatule coudée ou un cure-dents. S'il reste un peu de glaçage, servez-vous d'un pinceau humide pour le retirer.
- Dessinez ou calquez un motif sur du papier parchemin. Exercez-vous avec la poche à douille en suivant le motif sur le papier.

Allons-y !

(A) *Tracer une grande spirale au centre.*

(B) *Tracer des volutes plus petites.*

(C) *Déposer un point et l'étendre avec la douille.*

1. Pour appliquer la glace royale, tenir la poche à douille légèrement inclinée, en plaçant la douille à environ 3 mm (⅛ po) de la surface du cupcake. Presser doucement et uniformément la poche tout en déplaçant la douille pour créer le motif désiré. Relâcher la pression sur la poche juste avant la fin du trait et retirer la douille.

2. Pour ce motif, commencer par tracer une spirale au centre. (Voir A.) Continuer en traçant 5 grandes spirales sur le cupcake.

3. Tracer ensuite de plus petites volutes à partir de la base de chaque grande spirale. (Voir B.) Pour faire les plus petites volutes, déposer un point de glace près d'une courbe et l'étendre avec la douille pour le relier à la courbe existante. (Voir C.)

4. Laisser le glaçage sécher complètement. Mélanger la poudre à lustrer avec un peu d'alcool clair. Dessiner soigneusement les volutes à l'aide du pinceau. (Voir D.) Tracer de petits points supplémentaires à la douille et y déposer des perles argentées, si désiré.

(D) *Dessiner les volutes.*

17 Broderie au pinceau

- cupcakes recouverts de fondant (turquoise sur la photo)
- glace royale colorée (recette à la p. 136 ; consistance de pics moyens à fermes ; rose, jaune, violet sur la photo)
- eau
- poche de 30 cm (12 po) munie d'une douille ronde n° 2
- petit pinceau

La broderie au pinceau est une technique classique de décoration de gâteau. Il s'agit généralement d'un motif floral qui ressemble à de la dentelle. Traditionnellement, on s'en sert sur des gâteaux de mariage blancs. Mais sur ces cupcakes colorés, l'effet est assez saisissant.

Conseil

Si vous avez de la difficulté à tracer un motif à main levée, servez-vous d'un emporte-pièce en forme de fleur ou d'un tampon comme guide. Pendant que le fondant est encore mou, appuyez l'emporte-pièce ou le tampon légèrement dans le fondant pour imprimer le motif.

(A) Tracer le contour de la fleur.

(C) Tracer une fleur plus petite.

(B) Badigeonner les traits de glaçage vers le centre.

(D) Ajouter des points au centre.

1. Avec de la glace royale, tracer le contour d'une grande fleur sur le fondant. (Voir A.)

2. Tremper le pinceau dans l'eau et essuyer l'excédent pour qu'il soit seulement humide. Pendant que le glaçage est encore humide, à l'aide du pinceau humide, badigeonner les traits de glaçage vers le centre de la fleur. Travailler à petits traits courts et rapides et nettoyer le pinceau au besoin. (Voir B.)

3. Avec la poche à douille, tracer une fleur plus petite à l'intérieur de la grande et répéter la technique au pinceau. (Voir C.) Ajouter de petits points au centre de la fleur. (Voir D.)

Décorations en glace royale

- cupcakes
- glace royale (recette à la p. 136 ; consistance de pics moyens à fermes) dans une poche de 30 cm (12 po) munie d'une douille ronde n° 3
- patron
- papier parchemin ou feuille d'acétate (si l'on utilise de l'acétate, la frottez avec un peu de graisse alimentaire)
- spatule coudée de 10 cm (4 po)
- perles comestibles argentées (optionnelles)

Dans cet atelier, vous apprendrez à fabriquer des décorations avec de la glace royale, plus particulièrement des diadèmes en filigrane. Il faut absolument confectionner ces ornements à l'avance, parce qu'ils doivent sécher pendant quelques jours. Les décorations en glace royale sont très fragiles, assurez-vous donc d'en faire en surplus. Vous pouvez vous servir de cette même technique pour faire des formes pleines comme nous le décrivons dans la section « Conseils ». J'aime me servir de cette méthode pour créer des lettres ou des chiffres, parce qu'on peut imprimer un texte ou un mot avec la police de son choix pour en faire un patron et le tracer ensuite à la poche à douille.

Conseils

- Dessinez vos propres patrons ou tracez le contour d'emporte-pièces directement sur le papier parchemin. Retournez le papier avant de tracer le motif avec le glaçage afin que l'encre ou le graphite ne s'incruste pas dans la décoration. Tracez le contour avec de la glace royale.

- Pour effectuer des remplissages, tracez d'abord le contour du motif avec de la glace royale épaisse. Remplissez l'intérieur du motif avec de la glace royale liquide. Passez à l'étape 4.

Allons-y!

1. Placer le patron sous le papier parchemin ou l'acétate. (Voir A.)

2. Tracer le contour de l'image avec le glaçage. (Voir B.)

3. Remplir le motif à l'aide de la poche à douille en traçant des volutes au gré de sa fantaisie. (Voir C.) Plus les traits seront rapprochés, plus l'élément décoratif sera stable. Si l'on fait des formes à plusieurs couleurs, laisser sécher le glaçage quelques heures entre les applications afin que les couleurs ne se mélangent pas.

4. Laisser les décorations sécher au moins 24 heures. Il est préférable de réaliser ces décorations quelques jours à l'avance pour s'assurer qu'elles sont complètement sèches. Le temps de séchage dépend du degré d'humidité ambiante et de la taille de la décoration. (Voir D.)

5. Une fois les décorations sèches, glisser la spatule coudée sous la décoration pour la détacher du papier. Une autre méthode consiste à placer la décoration près du bord de la table et de décoller le papier. (Voir E.) Déposer la décoration sur le cupcake. Ajouter des perles argentées ou des ornements, si désiré.

(A) Placer l'acétate sur le patron.

(B) Tracer le contour de l'image.

(C) Remplir avec des volutes de glaçage.

(D) Laisser sécher.

(E) Détacher la décoration de l'acétate.

Décorations en biscuits au sucre

- cupcakes déjà glacés
- biscuits au sucre cuits de 2,5 à 7,5 cm (1 à 3 po) de longueur (recette à la p. 142 ; thème de chiens ou au choix)
- glace royale (recette à la p. 136 ; consistance de pics moyens ; blanche, rouge, noire et brune sur la photo) dans des poches de 30 cm (12 po) munies de douilles rondes n° 3
- glace royale (recette à la p. 136) dans des bols (consistance liquide)
- sucre cristallisé, si désiré
- spatule coudée de 10 cm (4 po)

L'une des choses que j'aime le mieux en pâtisserie est de décorer des biscuits au sucre. Nous avons des centaines d'emporte-pièces à la boulangerie et nous essayons constamment de nouvelles formes et de nouveaux motifs. Les enfants et les adultes les adorent parce qu'ils sont si jolis, et délicieux de surcroît. Dans cet atelier, vous apprendrez quelques trucs pour décorer des biscuits au sucre, puis nous vous montrerons comment les utiliser comme décorations pour vos cupcakes. Nous avons choisi le thème des chiens, mais vous pouvez appliquer ces techniques à toutes les formes de biscuits au sucre.

Conseil

Il est important de laisser sécher le glaçage des biscuits pendant au moins 6 à 8 heures entre les applications de couleurs différentes. Si vous ajoutez une nouvelle couleur trop tôt, les couleurs finiront par se mélanger. Le degré d'humidité ambiante peut également avoir une incidence sur le temps de séchage. Il est préférable de conserver les biscuits dans un endroit frais et sec. Ne pas réfrigérer, car le glaçage deviendrait mou et collant.

1. Avec une poche à douille, tracer le contour du biscuit le plus près possible du bord. (Voir A et B.)

2. Avec la glace royale plus liquide, et en utilisant une petite spatule coudée, remplir la forme. (Voir C.) S'assurer de mettre suffisamment de glaçage pour remplir le biscuit de manière uniforme, mais pas trop pour éviter qu'il déborde du contour. Laisser sécher pendant au moins 6 à 8 heures entre les applications de couleurs différentes. Dans le cas des couleurs vives, je recommande de laisser sécher toute la nuit.

3. Pour ajouter des taches sur le pelage, faire des points avec du glaçage de couleur différente immédiatement après avoir rempli la forme. Les taches se formeront dans le glaçage liquide.

4. Tracer les détails sur les biscuits avec la glace royale avec la poche à douille. Pour ajouter des éléments décoratifs comme du sucre ou autres détails, appliquer du glaçage à l'aide de la poche à douille là où l'on veut que ces éléments adhèrent. (Voir D.) Tremper le biscuit dans un bol de sucre cristallisé. (Voir E.) Ajouter les yeux ou autres éléments décoratifs. (Voir F.) Répéter avec le reste des biscuits. Laisser sécher.

5. Centrer un biscuit sur le dessus de chaque cupcake glacé.

(A) *Tracer le contour avec de la glace royale.*

(B) *Tracer le contour près du bord.*

(C) *Remplir la forme.*

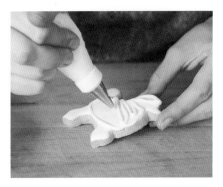

(D) *Appliquer du glaçage là où l'on veut du sucre.*

(E) *Tremper dans le sucre.*

(F) *Ajouter des éléments décoratifs.*

fleurs
et jardins

DANS NOTRE BOULANGERIE, les motifs les plus populaires sont les fleurs, que ce soit pour décorer un gâteau, des biscuits ou des cupcakes. Nous créons constamment de nouveaux motifs et agencements pour ajouter un peu d'originalité à nos produits. Dans ce module, vous apprendrez les rudiments des décorations florales, mais avec une touche contemporaine. C'est pourquoi je ne vous présenterai pas la classique rose en crème au beurre.

20 fleur en crème au beurre

- cupcakes
- crème au beurre colorée (recette à la p. 133 ; orange sur la photo) dans une poche de 30 cm (12 po) munie d'une grande douille à froncer en forme de C (n° 402 de Wilton)
- crème au beurre colorée (recette à la p. 133 ; rose sur la photo) dans une poche de 30 cm (12 po) munie d'une petite douille à froncer en forme de C (n° 401 ou n° 79 de Wilton, ou n° 81 d'Ateco)
- crème au beurre colorée (recette à la p. 133 ; vert lime sur la photo) dans une poche de 30 cm (12 po) munie d'une grande douille à gazon (n° 234 d'Ateco) ou d'une petite douille ronde n° 3

Une grosse fleur en crème au beurre sur le dessus d'un cupcake crée un effet saisissant. Dans cet atelier, vous apprendrez à façonner une fleur avec des pétales de deux tailles différentes directement sur le cupcake. Ce modèle particulier de fleur est facile à réaliser et pardonnera vos petites erreurs si vous ne maîtrisez pas totalement la technique. Il n'est pas nécessaire d'utiliser un clou à fleurs comme pour faire des roses. Idéal pour les débutants !

Conseil

Essayez de mettre de la crème au beurre sur le dessus des cupcakes seulement et non sur les côtés. Ainsi, ils ne colleront pas les uns aux autres dans une boîte.

(A) *Façonner des pétales sur le pourtour du cupcake en tirant vers le haut et l'extérieur.*

(B) *Former un deuxième cercle de pétales à l'intérieur du premier.*

(D) *Utiliser la douille à gazon pour faire le cœur.*

1. Avec la grande douille en forme de C, légèrement inclinée, façonner des pétales sur le pourtour du cupcake en tirant vers le haut et l'extérieur. Relâcher la pression sur la poche et retirer la douille du cupcake. (Voir A.)

2. Continuer à former des pétales à l'intérieur du premier cercle en les faisant légèrement plus petits à mesure qu'on se rapproche du centre. (Voir B et C.)

3. Se servir de la douille à gazon pour faire le cœur de la fleur. (Voir D.)

4. Comme variante, se servir de la petite douille en C pour façonner la fleur. Utiliser la même méthode, mais faire plus de pétales. Pour former le cœur de cette fleur, utiliser la petite douille ronde pour créer une grappe de petits points. (Voir E.)

(C) *Former des pétales plus petits vers le centre.*

(E) *Faire des petits points pour former le cœur.*

21 Rosettes en crème au beurre

- cupcakes
- crème au beurre colorée (recette à la p. 133 ; rose vif sur la photo) dans une poche de 36 à 46 cm (14 à 18 po) munie d'une grande douille en étoile ouverte, n° 1M ou n° 2D de Wilton
- crème au beurre colorée (recette à la p. 133 ; rose vif sur la photo) dans une poche de 36 à 46 cm (14 à 18 po) munie d'une petite douille en étoile ouverte, n° 21 ou n° 30 d'Ateco)

La technique des rosettes à la douille est une technique classique, traditionnellement utilisée pour créer des bordures de gâteau. Il est maintenant courant de voir des gâteaux entiers recouverts de rosettes de crème au beurre pour un anniversaire de jeune fille ou sur une table de desserts de mariage. Variez la taille des douilles pour obtenir des motifs plus ou moins grands sur les cupcakes.

Conseil

Les rosettes sont très jolies en bordure d'un gâteau ou d'un cupcake. Utilisez une très petite douille en étoile pour les bordures de cupcakes.

Allons-y !

(A) *Avec une grande douille, former des rosettes sur le pourtour.*

(B) *Continuer à façonner des rosettes vers le centre.*

(D) *Continuer à l'intérieur vers le centre.*

1. S'exercer à façonner une rosette sur du papier parchemin. Tenir la poche verticalement, à angle droit par rapport au papier, en plaçant la douille à environ 6 mm (¼ po) de la surface. Exercer une pression sur la poche et former une petite étoile. Continuer en exerçant une pression constante et faire un cercle serré autour de l'étoile. Relâcher la pression et retirer la douille. Lorsqu'on se sent à l'aise, décorer les cupcakes.

2. En utilisant la plus grande douille, façonner 5 ou 6 rosettes sur le pourtour d'un cupcake. (Voir A.) Façonner une rosette au centre. (Voir B.)

3. Comme variante, en utilisant la plus petite douille, former de 10 à 12 rosettes sur le pourtour du cupcake. (Voir C.) Continuer à l'intérieur du cercle extérieur en faisant 4 ou 5 rosettes de plus. (Voir D.) Ajouter une rosette au centre. (Voir E.)

(C) *Avec la petite douille, former des rosettes sur le pourtour.*

(E) *Terminer au centre.*

ATELIER 22

Bouquet de roses en fondant

Ce qu'il vous faut

- cupcakes recouverts de fondant (blanc sur la photo)
- fondant coloré (jaune sur la photo)
- fécule de maïs
- eau
- petit rouleau à fondant
- roulette à pâtisserie ou à pizza
- petit pinceau

Les roses enroulées ou les roses en ruban sont rapides et amusantes à confectionner. Elles présentent un aspect plus contemporain que les traditionnelles roses en fondant. Nous confectionnons quantité de roses traditionnelles en crème au beurre et en fondant dans notre boulangerie, mais il faut fabriquer chaque pétale individuellement, ce qui exige beaucoup de temps lorsque nous devons décorer un bon nombre de cupcakes. Non seulement cette méthode est-elle plus rapide, mais elle permet aussi de confectionner les roses à l'avance.

Conseils

- Pour obtenir des roses plus grandes, coupez des bandes de fondant plus larges.
- Pour fabriquer les feuilles, abaissez le fondant au rouleau à une épaisseur de 3 mm (⅛ po), puis coupez-la en carrés. Appliquez un peu d'eau au pinceau au centre de chaque carré. Pliez deux coins opposés l'un sur l'autre et pincez-les ensemble. Coupez en travers du centre du fondant plié pour créer deux feuilles avec chaque carré.

60 ATELIERS DE DÉCORATION DE CUPCAKES

Allons-y!

(A) *Couper des bandes et les rouler une à la fois.*

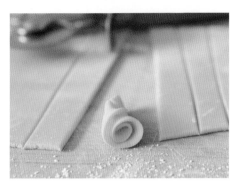

(B) *Pincer pour faire ouvrir la rose.*

(C) *Couper l'excédent de fondant.*

1. Abaisser le fondant au rouleau à une épaisseur de 3 mm (⅛ po). Voir l'atelier 11 (p. 34) pour les détails sur la manière d'abaisser du fondant. Couper des bandes de 2,5 cm (1 po) de largeur avec une roulette et une règle pour vous guider, au besoin.

2. Rouler une bande à la fois. (Voir A.) Pincer le fond de la fleur à mesure qu'on la roule pour faire ouvrir la rose. (Voir B.) J'aime pincer le haut de la bande de fondant à mesure que je la roule pour amincir les bords de la rose et lui donner un aspect plus réaliste. Continuer à rouler la bande jusqu'à ce qu'on obtienne une rose de la taille désirée. Couper l'excédent et s'en servir pour faire une autre fleur. (Voir C.) Si la rose ne colle pas, appliquer un peu d'eau au pinceau sur l'extrémité de la bande pour sceller le fondant. Écarter les bords avec les doigts pour ouvrir la rose.

3. Appliquer un peu d'eau au pinceau sur le fond de la rose et la déposer sur le cupcake. (Voir D.)

(D) *Déposer la fleur sur le cupcake.*

Petites fleurs en sucre

- cupcakes déjà glacés
- pastillage coloré
- fécule de maïs
- poudre à lustrer ou poudre pour pétale
- glace royale (recette à la p. 136) dans une poche de 30 cm (12 po) munie d'une douille ronde n° 3
- petit rouleau à fondant
- emporte-pièces en forme de fleur de 2,5 à 7,5 cm (1 à 3 po)
- coussinet de mousse
- outil à embout sphérique
- cure-dents ou moules d'impression (ici, moules à fleur et à feuille d'hortensia)
- boîte à œufs ou papier d'aluminium
- pinceau

Dans cet atelier, vous apprendrez à faire des fleurs en relief, qui sont petites et relativement rapides à confectionner. Il faut laisser sécher les fleurs un certain temps, mais il est possible de les fabriquer des mois à l'avance. Une touche de poudre à lustrer ou de poudre pour pétale appliquée au pinceau leur donnera plus de profondeur et un aspect réaliste.

Conseils

- Vous pouvez utiliser du fondant au lieu du pastillage, mais les fleurs mettront plus de temps à sécher.
- La poudre à lustrer est chatoyante et ajoute un peu de brillance. La poudre pour pétale est un colorant sec qui crée une finition matte. Ombrez le centre et les bords des fleurs pour leur donner un aspect réaliste.

Allons-y !

1. Pétrir le pastillage jusqu'à ce qu'il soit malléable. Abaisser la pâte au rouleau à une épaisseur de 3 mm (⅛ po) en utilisant de la fécule de maïs au besoin pour l'empêcher de coller à la surface. Découper des fleurs avec l'emporte-pièce, puis les couvrir d'une pellicule plastique jusqu'à ce qu'on soit prêt à les utiliser.

2. Poser une fleur sur le coussinet de mousse et amincir les bords en les aplatissant avec l'outil à embout sphérique. (Voir A.)

3. Se servir d'un cure-dents pour tracer de petites rainures sur les pétales. (Voir B.)

4. Une autre méthode consiste à presser la fleur dans un moule d'impression. (Voir C.)

5. Les moules d'impression de nervures sont merveilleux pour imprimer des motifs réalistes dans les feuilles des fleurs. (Voir D.)

6. Laisser sécher les fleurs et les feuilles dans des cartons à œufs ou sur du papier d'aluminium froissé pour leur donner des formes et un aspect tridimensionnel. Si désiré, ajouter un centre en glace royale ou une perle comestible.

7. Appliquer de la poudre à lustrer ou de la poudre pour pétale à l'aide d'un pinceau. (Voir E.) Déposer les fleurs sur des cupcakes préalablement glacés.

(A) *Aplatir les bords avec l'outil à embout sphérique.*

(B) *Des rainures dessinées avec un cure-dents ajoutent un effet tridimensionnel.*

(C) *On peut aussi placer la fleur dans un moule d'impression.*

(D) *Moule d'impression de nervures.*

(E) *Appliquer de la poudre au pinceau.*

Ce qu'il vous faut

- cupcakes déjà glacés
- pastillage ou fondant (violet sur la photo)
- fécule de maïs
- petit rouleau à fondant
- emporte-pièce en forme de fleur de 3 cm (1¼ po)
- emporte-pièce rond cannelé de 3,8 cm (1½ po)
- coussinet de mousse
- pellicule plastique
- outil à embout sphérique
- colle comestible (poudre Tylose mélangée à de l'eau) ou blanc d'œuf
- boîte à œufs
- pinceau

Dans cet atelier, vous apprendrez à faire des fleurs en sucre froncées à trois couches de pétales. C'est une fleur idéale pour les débutants, parce qu'elle ne requiert que peu d'outils et qu'elle est plus facile à assembler qu'une fleur en sucre composée de pétales fabriqués individuellement. Vous pouvez utiliser cette technique pour faire des fleurs plus grandes sur un gâteau de mariage en ajoutant davantage de couches.

Conseil

Pour faire une fleur froncée de type œillet très simplement, confectionnez 2 ou 3 formes avec un emporte-pièce rond ou en forme de fleur et superposez-les pour créer des fronces. Puis passez à l'étape 5.

Allons-y!

1. Pétrir le pastillage jusqu'à ce qu'il soit malléable. Former une boule de pastillage ou de fondant de 2,5 cm (1 po) de diamètre. Rouler cette boule entre vos mains pour façonner un cône. Avec les doigts, enfoncer la base du cône puis amincir les bords tout autour pour créer un centre de fleur froncé. Enlever l'excédent de pâte avec les doigts, puis laisser sécher. (Voir A.)

2. Abaisser un autre morceau de pastillage ou de fondant au rouleau à une épaisseur de 3 mm (⅛ po) en vous servant de fécule de maïs au besoin. Découper des formes avec les deux emporte-pièces. (Voir B.)

3. Poser les fleurs découpées, une à la fois, sur le coussinet de mousse. Recouvrir le reste des formes en fondant avec de la pellicule plastique pour les empêcher de sécher. Amincir et recourber les bords des pétales à l'aide de l'outil à embout sphérique. (Voir C.) Continuer de la même manière avec les découpes rondes. (Voir D.) Pendant qu'on travaille sur les autres pétales, laisser sécher les découpes dans une boîte à œufs pour leur faire prendre une forme recourbée.

4. Étager les pétales autour du centre en les pinçant ensemble pour créer des fronces. Se servir de colle comestible ou de blanc d'œuf pour fixer les couches de formes les unes aux autres.

5. Laisser sécher les fleurs quelques heures ou pendant la nuit dans la boîte à œufs afin qu'elles conservent leur forme. (Voir E.)

6. Appliquer de la poudre à lustrer ou de la poudre pour pétale au pinceau sur les fleurs. Déposer les fleurs sur des cupcakes glacés.

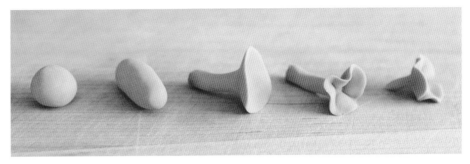

(A) Étapes pour créer les centres.

(B) Découper les fleurs.

(D) Découper les formes rondes et amincir les bords.

(C) Amincir les bords avec l'outil à embout sphérique.

(E) Laisser sécher dans la boîte à œufs.

Papillons dans l'herbe

Ce qu'il vous faut

- cupcakes
- pellicule de papier comestible imprimée de motifs comestibles (papillons comme sur la photo, ou images au choix)
- poudre à lustrer (argentée sur la photo)
- gel alimentaire transparent (gel en tube)
- sucre cristallisé (blanc sur la photo)
- crème au beurre verte (recette à la p. 133) dans une poche munie d'une douille à gazon (n° 234 de Wilton ou d'Ateco)
- petits ciseaux d'artisanat
- petit pinceau
- boîte à œufs

Le papier comestible est fait de fécule de pomme de terre et est imprimé avec des colorants alimentaires approuvés par le USDA (département de l'Agriculture des États-Unis). Nous nous sommes procuré les images de papillons en ligne, où il existe une grande variété d'impressions et de motifs. Vous pouvez également imprimer vos propres images si vous possédez une imprimante d'images comestibles (plus courante chez les professionnels).

Conseil

Vous conserverez ces papillons en papier comestible pendant des mois si vous les conservez dans des contenants hermétiques.

(A) Découper les images.

(C) Saupoudrer de sucre.

(B) Appliquer une mince couche de gel.

(D) Laisser sécher dans la boîte à œufs.

1. Découper soigneusement les papillons avec les ciseaux, le papier comestible étant très fragile. (Voir A.)

2. Mélanger de la poudre à lustrer dans le gel comestible pour créer un effet scintillant, si désiré. Appliquer une mince couche de gel sur chaque papillon à l'aide du pinceau. (Voir B.)

3. Saupoudrer de sucre cristallisé. (Voir C.)

4. Replier le papillon en son centre afin que les ailes se relèvent. Les laisser sécher dans une boîte à œufs pour qu'ils conservent leur forme. (Voir D.)

5. Appliquer du gazon vert à la douille sur les cupcakes. Déposer les papillons sur les cupcakes, ainsi que des fleurs en sucre ou d'autres décorations inspirées de la nature.

Herbes en pots

- cupcakes au chocolat
- crème au beurre (recette à la p. 133) dans une poche munie d'une grande douille ronde (n° 806 d'Ateco)
- herbes fraîches
- pots de terre cuite de 7,5 cm (3 po)

Les herbes en pots font d'adorables centres de table ou cadeaux d'invités, qui sont encore meilleurs s'ils sont comestibles. Ces cupcakes en pots sont faciles à réaliser et polyvalents. Garnissez-les de légumes en sucre, de fleurs comestibles ou de sucettes en forme de fleurs. C'est également un projet amusant à réaliser pour une fête d'anniversaire.

Pour aller plus loin

- Sculptez des légumes en fondant ou en pastillage pour décorer le dessus des pots.
- Écrivez le nom des herbes sur des bâtonnets et plantez-en un dans chaque pot. Faites-en un centre de table pour une réception dans le jardin ou un mariage à l'extérieur.

(A) *Couper la calotte du cupcake.*

(B) *Émietter la calotte du cupcake dans le pot.*

(D) *Recouvrir de miettes de cupcake.*

1. Couper la calotte du cupcake. (Voir A.)
2. Émietter la calotte du cupcake au fond du pot. (Voir B.)
3. Ajouter une petite quantité de crème au beurre à la douille dans le pot.
4. Déposer la base du cupcake dans le pot. La recouvrir de crème au beurre. (Voir C.)
5. Parsemer de miettes de cupcake. Il vous faudra environ la moitié d'un cupcake supplémentaire à émietter pour chaque pot. (Voir D.)
6. Placer les herbes dans le pot. (Voir E.)

(C) *Recouvrir le cupcake de crème au beurre.*

(E) *Ajouter les herbes.*

Thèmes amusants

LES ENFANTS COMME LES ADULTES SE RÉJOUIRONT des idées créatives et festives présentées ici pour agrémenter votre prochaine fête. Nous intégrerons certaines des techniques que nous avons déjà apprises, comme le travail avec le fondant dans « Partis faire du surf ». Nous réaliserons des cupcakes inspirés de nos boissons préférées, qui récoltent toujours beaucoup de succès à l'heure du thé et lors des réceptions-cadeaux, comme c'est le cas des mojitos à la menthe fraîche. Et nous apprendrons également à faire un énorme gâteau de cupcakes !

Cupcakes s'mores au riz croustillant

Ce qu'il vous faut

- préparation pour carrés au riz croustillant, encore chaude
- enduit antiadhésif en vaporisateur
- ganache (recette à la p. 135) dans une poche de 36 cm (14 po) munie d'une douille en étoile (n° 826 d'Ateco)
- miettes de biscuits Graham
- sucre cristallisé
- moule à cupcakes de format standard
- cuillère à crème glacée
- spatule coudée de 10 cm (4 po)

Les carrés au riz croustillant et les s'mores sont des gâteries très prisées des enfants. Nous les avons combinées en un seul cupcake. Aucune cuisson n'est nécessaire et vous pouvez les réaliser avec du riz croustillant sans gluten.

Conseil

Si vous préférez y mettre moins de chocolat et plus de guimauve, vous pouvez appliquer une mince couche de ganache sur le cupcake, puis y ajouter du glaçage à la guimauve.

(A) Déposer la préparation à la cuillère dans le moule.

(B) Presser la préparation dans le moule.

(D) Former un tourbillon de ganache sur le dessus du cupcake.

1. Vaporiser un moule à cupcakes de format standard avec de l'enduit antiadhésif. Déposer une boule de la préparation pour carrés au riz croustillant chaude dans chaque cavité du moule avec une cuillère à crème glacée. (Voir A.) Presser la préparation dans le moule. (Voir B.) Parsemer de miettes de biscuits Graham. Laisser prendre environ 30 minutes jusqu'à ce que la préparation soit refroidie.

2. Retirer les cupcakes au riz croustillant avec la spatule coudée et enrober le pourtour de miettes de biscuits Graham. (Voir C.)

3. Appliquer la ganache en tourbillon à l'aide de la poche à douille. (Voir D.)

4. Parsemer de miettes de biscuits Graham et de sucre cristallisé. (Voir E.)

(C) Enrober le pourtour de miettes de biscuits Graham.

(E) Ajouter des miettes de biscuits Graham et du sucre.

28 Cupcakes beignets

- cupcakes déjà glacés
- pâte à cupcake à la vanille (recette à la p. 140) dans une poche munie d'une grande douille ronde (n° 804 d'Ateco)
- glace royale colorée (recette à la p. 136 ; consistance de pics moyens ; rose, bleue et verte sur la photo)
- paillettes ou nonpareilles multicolores
- moule antiadhésif à beignets miniatures
- spatule coudée de 10 cm (4 po)

Des beignets colorés avec des nonpareilles nous font tous remonter le temps jusqu'à notre enfance. Ces cupcakes sont parfaits pour un brunch ou pour une fête d'enfants. Pour en faciliter la réalisation, nous préparons les beignets avec de la pâte à cupcakes, mais ce gâteau serait tout aussi délicieux avec une recette classique de pâte à beignets.

Conseil

Trempez simplement le dessus des beignets dans de la ganache chaude pour obtenir des beignets glacés au chocolat.

Allons-y !

(A) Déposer la pâte dans le moule à l'aide de la poche à douille.

(C) Ajouter les nonpareilles.

(B) Glacer les beignets.

(D) Déposer sur le cupcake.

1. Déposer la pâte à l'aide d'une douille dans le moule à beignets miniatures. (Voir A.) Faire cuire au four à 180 °C (350 °F, ou four à gaz à 4) jusqu'à ce qu'un cure-dents en ressorte propre, environ 10 à 12 minutes. Laisser refroidir de 3 à 5 minutes. Retourner les beignets sur une plaque à pâtisserie ; laisser refroidir complètement.

2. Étaler le glaçage sur le dessus du beignet avec la spatule. (Voir B.)

3. Ajouter des nonpareilles multicolores sur le glaçage. (Voir C.) Laisser reposer les beignets de 5 à 10 minutes.

4. Déposer un beignet sur le dessus d'un cupcake glacé. (Voir D.)

29 Partis faire du surf

Ce qu'il vous faut

- cupcakes
- fondant de couleurs tropicales (orange, rouge, jaune et bleu sur la photo)
- fécule de maïs
- eau
- crème au beurre bleu océan (recette à la p. 133)
- miettes de biscuits Graham
- sucre cristallisé
- petit rouleau à fondant
- emporte-pièce en forme de fleur de 2,5 cm (1 po)
- pinceau
- emporte-pièce en forme de planche de surf
- spatule coudée de 10 cm (4 po)
- fleurs tropicales en sucre, étoiles de mer et coquillages en sucre (optionnels)

Conseil

Vous pouvez confectionner les planches de surf à l'avance. Laissez-les sécher quelques heures sur une plaque à pâtisserie. Conservez-les à la température de la pièce dans un contenant hermétique en ayant pris soin de mettre une feuille de papier parchemin ou de papier ciré entre les couches de fondant.

Les cupcakes sur le thème de la plage sont toujours amusants à réaliser pendant l'été ! Dans cet atelier, vous réaliserez des planches de surf en fondant que vous pourrez confectionner d'avance, tout comme les autres décorations marines que vous voudrez ajouter, telles que des coquillages et des étoiles de mer. Cette technique de fondant peut être utilisée pour bien d'autres formes et motifs représentant d'autres saisons.

1. Abaisser toutes les couleurs de fondant au rouleau à une épaisseur de 6 mm (¼ po) en utilisant de la fécule de maïs au besoin pour les empêcher de coller à la surface. Voir l'atelier 11 (p. 34) pour les détails sur la manière d'abaisser du fondant. Découper des fleurs dans trois des couleurs. (Voir A.)

2. Déposer les fleurs sur le dessus de la quatrième couleur de fondant et passer le rouleau dessus jusqu'à ce que les fleurs soient incrustées dans la couche du dessous. (Voir B.) Si les fleurs n'adhèrent pas, ajouter un peu d'eau au pinceau sur l'envers des fleurs.

3. Découper les planches de surf à l'aide de l'emporte-pièce, laisser sécher au moins une heure. (Voir C et D.)

4. À l'aide de la spatule coudée, glacer les cupcakes avec la crème au beurre bleue en faisant des crêtes pour simuler des vagues. (Voir E.)

5. Mélanger les miettes de biscuits Graham et le sucre cristallisé. En parsemer sur une moitié du cupcake pour figurer du sable. (Voir F.) Poser une planche de surf sur le cupcake. Garnir de fleurs tropicales, d'étoiles de mer et de coquillages en sucre, si désiré.

(A) Découper les fleurs de fondant.

(B) Rouler les fleurs dans le fondant

(C) Découper les formes.

(D) Laisser sécher.

(E) Créer des vagues avec du glaçage bleu.

(F) Ajouter du « sable » sur le cupcake.

30 Bonhomme de neige en chocolat blanc

Ce qu'il vous faut

- cupcakes glacés avec une garniture de noix de coco râpée
- préparation pour truffes au chocolat blanc, refroidi (recette à la p. 140)
- noix de coco finement râpée
- glace royale noire (recette à la p. 136 ; consistance de pics moyens) dans une poche munie d'une douille ronde n° 3
- bonbons en rubans souples (bandes Airheads Xtremes sur la photo)
- petite cuillère à crème glacée de 3 cm (1¼ po) [n° 70]
- cure-dents
- plaque à pâtisserie tapissée de papier parchemin ou ciré
- petits ciseaux d'artisanat

Dans cet atelier, vous apprendrez à confectionner des bonshommes de neige en truffes au chocolat blanc à la noix de coco. Vous pouvez laisser libre cours à votre créativité et vous servir d'une variété de bonbons pour décorer les bonshommes de neige. Nous avons simplifié les choses en utilisant une seule sorte de bonbons et une seule couleur de glace royale. Un chapeau en fondant serait également du plus bel effet !

Conseil

Vous voulez offrir une friandise plus simple ? Ces truffes sont fantastiques en elles-mêmes !

Allons-y !

(A) *Façonner des boules avec la préparation pour truffes.*

1. Prendre la préparation pour truffes à la cuillère et façonner des boules. (Voir A.) Rouler ensuite cette boule dans la noix de coco pour l'enrober et la déposer sur la plaque. (Voir B.)

2. Insérer un cure-dents dans une boule. (Voir C.) Ajouter une seconde boule pour faire la tête. (Voir D.) Réfrigérer si les bonshommes de neige sont mous et difficiles à manipuler.

3. Pour faire le foulard, couper un ruban de bonbon en deux dans le sens de la longueur avec les ciseaux. (Voir E.) Couper à la bonne longueur pour faire le tour du cou du bonhomme de neige, puis faire des incisions de 2,5 cm (1 po) aux extrémités pour faire la frange. Fixer le foulard sur le bonhomme avec de la glace royale. Couper des triangles dans le reste des bonbons pour faire le nez ; fixer avec de la glace royale. (Voir F.)

4. Faire les yeux avec la glace royale noire. Insérer un cure-dents à la base du bonhomme de neige pour le fixer sur le cupcake. (Voir G.)

(B) *Rouler dans la noix de coco.*

(C) *Insérer un cure-dents.*

(D) *Superposer deux truffes.*

(E) *Couper le ruban en deux.*

(F) *Ajouter un foulard et le nez.*

(G) *Fixer le bonhomme de neige sur le cupcake.*

31 Gâteau de cupcakes

- cupcakes
- crème au beurre colorée (recette à la p. 133 ; brune sur la photo) dans une poche de 36 à 46 cm (14 à 18 po) munie d'une grande douille à effet tressé (n° 897 d'Ateco)
- crème au beurre colorée (recette à la p. 133 ; brune et verte sur la photo) dans des poches de 36 à 46 cm (14 à 18 po) munies d'une grande douille (n° 1M de Wilton ou n° 826 d'Ateco)
- décorations en fondant (feuilles et glands sur la photo)
- plateau ou grande assiette à gâteau

Conseil

Si vous agencez les cupcakes selon un motif personnalisé, dessinez la forme sur votre planche, ou faites un patron sur du papier parchemin ou ciré.

Un gâteau de cupcakes est un gâteau dont la base est composée de plusieurs cupcakes et qui est glacé de manière à avoir l'air d'un grand gâteau. On l'appelle parfois également « gâteau à détacher », parce qu'on détache les cupcakes du gâteau pour les servir. La plupart des gâteaux de cupcakes sont glacés de manière uniforme pour ressembler à un grand gâteau. Nous adorons la texture de ce gâteau créée en glaçant les cupcakes à l'aide d'une douille en étoile.

(A) Disposer les cupcakes selon la forme désirée.

(C) Glacer et décorer.

(B) Former un quadrillage avec de la crème au beurre.

1. Disposer les cupcakes selon la forme désirée sur une planche ou une assiette à gâteau. (Voir A.)

2. Si l'on doit transporter le gâteau ou le déplacer, étaler un peu de glace royale ou de crème au beurre sous la majorité des cupcakes pour les fixer au plat. Lorsqu'on arrange les cupcakes, les serrer les uns sur les autres pour éviter d'avoir des interstices trop grands.

3. Avec la grande douille, appliquer la crème au beurre entre les cupcakes en formant un quadrillage, pour créer un motif de tressage de panier. (Voir B.) Si possible, refroidir le tout pour faire prendre la crème au beurre.

4. Continuer à glacer et à décorer en vous servant de la crème au beurre brune pour le tronc et les branches, et de la

(D) Ajouter des décorations en fondant.

verte pour le feuillage. (Voir C.) On peut laisser libre cours à son imagination et créer l'arbre selon sa fantaisie.

5. Ajouter des décorations en fondant ou en sucre, si désiré. (Voir D.)

32 fondue de cupcakes

- cupcakes miniatures
- ganache (recette à la p. 135 ; utiliser de la crème épaisse pour diluer la ganache, au besoin)
- fondue sucrée au glaçage (recette ci-dessous)
- fruits en morceaux : fraises, ananas, bananes, oranges
- garnitures : paillettes colorées, noix hachées, noix de coco, morceaux de bonbons, pépites de chocolat
- caquelon (pour la fondue au chocolat)
- fourchettes à fondue ou brochettes de bambou

La fondue dessert est une activité collective très amusante lorsqu'on reçoit ou lors d'une fête d'enfants. Dans cet atelier, vous confectionnerez de la fondue au chocolat et de la fondue sucrée au glaçage. On trempe des cupcakes miniatures dans la glace, puis on les décore de paillettes et de délicieuses garnitures. Assurez-vous d'avoir assiettes et serviettes de table à portée de la main, parce que cette activité peut se révéler plutôt salissante, mais ô combien amusante !

Fondue sucrée au glaçage

Pour préparer la fondue sucrée, mélangez au fouet 750 ml (3 tasses) de sucre glace, 85 ml (⅓ tasse) de lait et un trait d'extrait de vanille ou un jet de jus de citron. Pour obtenir une sauce parfumée aux fruits, remplacez le lait par du jus de fruit. Si la glace est trop épaisse, diluez-la avec un peu de lait ou de jus.

(A) Préparer une ganache suffisamment liquide pour le trempage.

(B) Tremper un cupcake dans la fondue.

(C) Décorer avec les garnitures.

1. Pour la fondue au chocolat, préparer une ganache au chocolat et l'utiliser lorsqu'elle est encore chaude, ou la réchauffer au bain-marie. Diluer la ganache avec de la crème épaisse au besoin pour obtenir la consistance voulue pour tremper. Si la ganache est trop épaisse, les cupcakes s'émietteront dans la fondue. (Voir A.)

2. Il n'est pas nécessaire de chauffer la fondue sucrée au glaçage. La diluer avec le liquide de base, au besoin.

3. Inviter les convives à embrocher un cupcake et à le tremper dans la glace ou la fondue au chocolat. (Voir B.) Il est préférable de ne pas submerger complètement le cupcake, car il risque de tomber dans la fondue.

4. Décorer les cupcakes avec des morceaux de fruits et autres garnitures, au choix. (Voir C.)

Conseil

Ajoutez un trait de liqueur à la ganache, comme de la liqueur de café, de noisette ou d'orange.

33

Tasses à expresso

- cupcakes au chocolat (recette à la p. 136) cuits dans des tasses à expresso allant au four
- crème au beurre au moka (recette ci-dessous)
- crème au beurre à la vanille (recette à la p. 133)
- 2 flacons compressibles pour aliments
- cure-dents

J'adore le café et, bien entendu, tout dessert qui comprend du chocolat et de l'expresso. Ces tasses constituent un charmant dessert pour terminer en beauté un romantique dîner italien. Parce qu'ils sont préparés dans des tasses à expresso, ces cupcakes sont un peu plus petits et donc moins copieux. Ajoutez une boule de glace italienne ou un biscotti en accompagnement pour un dessert plus substantiel. Dans cet atelier, vous apprendrez à utiliser de la crème au beurre fondue comme garniture.

Conseil

Pour confectionner la crème au beurre au moka, mélangez une petite quantité de poudre d'expresso soluble avec de l'eau chaude pour faire une pâte humide. Ajoutez cette pâte à de la crème au beurre au chocolat, au goût.

(A) Couper les cupcakes pour qu'ils ne dépassent pas des tasses.

(B) Recouvrir de crème au beurre au moka.

(D) Utiliser un cure-dents pour faire des motifs de cœurs.

1. Ces cupcakes ne devraient pas dépasser du bord des tasses à expresso ; si c'est le cas, couper le dôme qui dépasse. (Voir A.)

2. Faire fondre séparément la crème au beurre au moka et celle à la vanille dans un bain-marie ou au four à micro-ondes. Verser chaque crème au beurre dans un flacon compressible.

3. Remplir les tasses à expresso avec la crème au beurre au moka pour recouvrir les cupcakes. (Voir B.)

4. Avec la crème au beurre à la vanille, déposer un ou plusieurs points sur chaque cupcake. (Voir C.) Avec un cure-dents, former des cœurs à partir du centre de chaque point, ou relier les points pour créer des motifs originaux. (Voir D et E.) Il peut être amusant de créer ses propres motifs.

(C) Ajouter des points de crème au beurre à la vanille.

(E) D'autres exemples de motifs.

Ce qu'il vous faut

- cupcakes
- cubes de sucre
- glace royale colorée (recette à la p. 136 ; violette et verte sur la photo) dans des poches munies respectivement d'une douille ronde nᵒ 2, d'une petite douille à feuillage (nᵒ 349 d'Ateco ou nᵒ 352 de Wilton), et d'une petite douille en étoile ouverte (nᵒ 16 de Wilton)
- sucre cristallisé
- crème au beurre (recette à la p. 133) dans une poche munie d'une grande douille ronde (nᵒ 806 d'Ateco)
- miel
- tasses à thé

Les thés spécialisés, tout comme les cafés, gagnent en popularité partout dans le monde et entrent souvent dans la préparation de desserts. Dans cet atelier, vous apprendrez à décorer des cubes de sucre, qui s'offrent joliment en cadeau lors d'une réception-cadeaux ou d'un goûter sous le thème du thé. J'adore l'idée de servir des cupcakes dans des tasses à thé de collection dépareillées.

Conseil

Préparez une pâte à cupcake au chai épicé en ajoutant à votre préparation à la vanille une pincée de chacune des épices suivantes, avant de cuire les cupcakes : cannelle, clou de girofle, cardamome, gingembre et poivre noir.

(A) Ajouter une feuille verte à la fleur d'hortensia.

(B) Appliquer le glaçage en spirales.

(D) Verser un filet de miel.

(C) Tremper une face dans le sucre cristallisé.

(E) Exemples de motifs.

1. Décorer des cubes de sucre à la douille exige une certaine pratique, parce qu'ils sont très petits. Des fleurs simples ou des monogrammes sont des motifs charmants pour ce type de projet. Pour créer une fleur d'hortensia, déposer de très petites étoiles en cercle, puis continuer à les superposer au centre pour créer une fleur sphérique. Ajouter une feuille verte sur le côté. (Voir A.)

2. Appliquer le glaçage à la douille en faisant des spirales est une solution rapide et amusante. (Voir B.)

3. Pour créer des cubes de sucre colorés, recouvrir une des faces de glaçage de couleur, puis les tremper dans le sucre cristallisé. (Voir C.)

4. Déposer un cupcake dans une tasse à thé. Appliquer la crème au beurre sur le dessus du cupcake, puis verser un filet de miel. Servir avec des cubes de sucre dans la soucoupe. (Voir D et E.)

Cupcakes mojitos

- cupcakes à la vanille (recette à la p. 146)
- tranches de limette
- sucre cristallisé blanc
- tartinade à la limette (recette à la p. 142)
- crème au beurre à la menthe fraîche (recette ci-dessous) dans une poche munie d'une grande douille ronde (n° 806 d'Ateco)
- brins de menthe fraîche
- verres à whisky

Un mojito est un cocktail traditionnel cubain composé de rhum, de menthe, de sucre, de limette et d'eau pétillante. C'est une boisson rafraîchissante populaire dont les saveurs sont irrésistibles. Dans cet atelier, vous apprendrez à faire des cupcakes à saveur de mojito sans alcool, mais vous pouvez badigeonner les étages de gâteau d'un sirop au rhum pour vivre une expérience « mojito » plus authentique.

Conseil

Pour confectionner la crème au beurre à la menthe fraîche, hachez finement de la menthe fraîche et ajoutez-la à la crème au beurre à la vanille (recette à la p. 133).

Allons-y !

(A) *Frotter le bord du verre avec de la limette.*

1. Frotter le bord du verre avec de la limette, puis le tremper dans le sucre cristallisé pour le givrer. (Voir A et B.)
2. Déposer environ 30 ml (2 c. à soupe) de tartinade à la limette au fond du verre. (Voir C.)
3. Déposer un cupcake dans le verre. (Voir D.)
4. Glacer le cupcake avec la crème au beurre à la menthe. (Voir E.)
5. Garnir d'un brin de menthe et d'une tranche de limette.

(B) *Tremper dans le sucre cristallisé.*

(C) *Ajouter la tartinade à la limette.*

(D) *Déposer un cupcake dans le verre.*

(E) *Glacer avec la crème au beurre à la menthe.*

Pour aller plus loin

Pour confectionner un cupcake mojito au rhum, badigeonnez le cupcake de sirop au rhum (sirop simple et rhum en parts égales) avant de le glacer.

Enfants et bébés

IMAGINATIVES, FABULEUSES ET RENVERSANTES
sont les expressions que j'utiliserais pour décrire bon nombre
des réceptions-cadeaux pour bébés et des fêtes d'enfants aux-
quelles il m'a été donné d'assister récemment. Une bonne partie
de la planification repose sur la coordination et sur le thème.
Des décorations de fêtes à faire soi-même, des cadeaux d'invités
et de la bonne nourriture sont les éléments de base d'une fête
exceptionnelle. Ces cupcakes sont tous plus adorables les uns
que les autres et relativement simples à réaliser. Et votre fête
sera couronnée de succès à tout coup!

MODULE 7

36 Cupcakes tutus

- cupcakes
- fondant coloré (rose sur la photo)
- glace royale (recette à la p. 136 ; consistance de pics fermes) dans une poche munie d'une douille ronde n° 3
- perles comestibles
- poudre à lustrer comestible (optionnelle ; rose sur la photo)
- crème au beurre colorée dans une poche de 36 à 46 cm (14 à 18 po) munie d'une douille à froncer (n° 070 d'Ateco)
- rouleau à fondant
- emporte-pièce en forme de robe sans manches
- couteau d'office

Le cupcake tutu est l'un des cupcakes spéciaux les plus demandés à notre boulangerie. Ils sont amusants et parfaits pour un anniversaire de fillette. Laissez votre petite princesse choisir les couleurs et la forme du corsage, que vous pouvez facilement modifier au besoin.

Conseil

Si la crème au beurre est plutôt molle, il est préférable de réfrigérer les cupcakes glacés avant d'y insérer le corsage. Une fois la crème refroidie, faites une fente au centre du glaçage avec un couteau d'office et insérez le corsage dans le tutu. Pour obtenir plus de stabilité, enfoncez le corsage dans le gâteau d'environ 1,25 cm (½ po).

1. Abaisser le fondant au rouleau à une épaisseur de 6 mm (¼ po). Voir l'atelier 11 (p. 34) pour la manière d'abaisser du fondant. Découper les formes de robe avec l'emporte-pièce. (Voir A.)

2. Couper la portion inférieure pour ne conserver que le corsage. Laisser sécher les corsages toute la nuit. (Voir B.)

3. Avec la poche munie de la douille à froncer, créer les tutus sur les cupcakes. Tenir le bout de la douille près du cupcake ; appliquer une pression pour faire sortir la crème au beurre et faire tourner le cupcake de l'autre main pour créer les fronces. Tourner en continu pour créer 3 ou 4 couches de fronces. Parsemer de perles de sucre, si désiré. (Voir C et D.)

4. Décorer le corsage avec des points de glace royale et des perles en sucre. Appliquer de la poudre à lustrer au pinceau, si désiré. (Voir E.)

5. Enfoncer la partie inférieure du corsage au centre du glaçage. (Voir F.)

(A) Découper la forme de la robe.

(B) Couper le bas de la robe pour créer un corsage.

(C) Faire des fronces à la poche à douille pour façonner le tutu.

(D) Appliquer une deuxième couche de fronces.

(E) Décorer le corsage.

(F) Enfoncer le corsage au centre des fronces.

37 Clowns cornets

- cupcakes, sans leurs caissettes de papier
- biscuits au sucre de 13 cm (5 po) en forme de fleur, glacés
- crème au beurre à la vanille dans un petit bol
- crème au beurre jaune (recette à la p. 133) dans une poche de 30 à 36 cm (12 à 14 po) munie d'une petite douille en étoile ouverte (nº 18 de Wilton ou d'Ateco)
- crème au beurre orange (recette à la p. 133) dans une poche de 30 à 36 cm (12 à 14 po) munie d'une grande douille à gazon (nº 234 d'Ateco)
- pastilles de chocolat recouvertes de bonbon, telles que les M&M's (rouges et brunes sur la photo)
- réglisse rouge en fil
- cornets sucrés
- spatule coudée de 10 cm (4 po)
- ciseaux

Conseil

Pour créer une gâterie spéciale, ajoutez des décorations aux cornets et remplissez-les de crème glacée !

Ma gâterie d'anniversaire préférée lorsque j'étais enfant était un cornet de crème glacée déguisé en clown. Je m'en suis inspirée pour créer ces cupcakes en forme de clown, qui y ressemblent beaucoup. Ajoutez une boule de crème glacée à côté dans l'assiette au service pour le meilleur des deux mondes.

Allons-y!

1. Étaler une petite cuillérée de crème au beurre au centre d'un biscuit au sucre. Déposer un cupcake à l'envers sur le biscuit. (Voir A.)

2. Avec la spatule coudée, glacer le cupcake d'une mince couche de crème au beurre à la vanille. (Voir B.)

3. Tracer une bordure jaune avec la douille en étoile (no 826 d'Ateco) à la jonction du cupcake et du biscuit. (Voir C.)

4. Appliquer des cheveux orange avec la douille à gazon sur le dessus et tout autour du cupcake sauf sur le devant, où se trouvera le visage. (Voir D.)

5. Utiliser les bonbons pour créer les yeux et le nez. Avec les ciseaux, couper des bouts de réglisse de 5 cm (2 po) et les poser sur le visage pour faire le sourire.

6. Pour décorer la bordure du chapeau de clown, tremper le bord et le bout du cornet dans la glace royale, puis dans les décorations multicolores. Laisser sécher sur du papier parchemin ou ciré. Poser le cornet sucré sur le cupcake.s

(A) Déposer un cupcake à l'envers sur un biscuit au sucre.

(B) Glacer le cupcake.

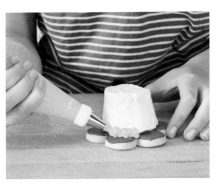

(C) Tracer une bordure jaune.

(D) Appliquer des cheveux orange.

(E) Tremper les cornets dans la glace royale, puis dans les décorations.

38

Cupcakes soirée Cinéma

- cupcakes à la vanille (dans des caissettes de carton à rayures rouges et blanches, comme sur la photo)
- crème au beurre à la vanille (recette à la p. 133) ou au caramel (recette ci-dessous) dans une poche de 36 à 46 cm (14 à 18 po) munie d'une grande douille ronde (n° 806 d'Ateco)
- maïs soufflé au caramel
- sauce au caramel
- bonbons Sno-Caps (pépites de chocolat recouvertes de nonpareilles blanches)
- sel de mer

Tout le monde adore le cinéma, et encore plus le maïs soufflé et les bonbons. Ces cupcakes constituent la gâterie par excellence pour une soirée cinéma à la maison. Ils intègrent du maïs au caramel sucré et salé, des bonbons Sno-Caps et des cupcakes. Servez ces gâteries lors de la prochaine soirée des Oscars ou d'une soirée pyjama et attirez-vous des éloges !

Conseil

Pour faire de la crème au beurre au caramel, incorporez de la sauce au caramel dans la crème au beurre à la vanille, au goût. Saupoudrez de sel de mer pour obtenir du caramel salé.

Allons-y!

(A) Glacer le cupcake.

(C) Verser un filet de sauce au caramel.

(D) Ajouter les bonbons Sno-Caps.

(B) Ajouter le maïs soufflé au caramel.

1. Glacer les cupcakes d'une mince couche de crème au beurre à la vanille ou au caramel. (Voir A.)

2. Enfoncer une poignée de maïs au caramel dans la crème au beurre. (Voir B.)

3. Verser un filet de sauce au caramel sur le maïs soufflé. (Voir C.) Déposer des bonbons Sno-Caps sur la sauce au caramel. (Voir D.)

4. Saupoudrer de sel de mer, si désiré. (Voir E.)

(E) Saupoudrer de sel de mer.

ATELIER 39

Cornets de crème glacée molle

Ce qu'il vous faut

- cupcakes cuits dans des cornets à fond plat
- crème au beurre à la vanille (recette à la p. 133) dans une poche de 36 à 46 cm (14 à 18 po) munie d'une grande douille ronde (n° 806 d'Ateco)
- ganache (recette à la p. 135) dans un bol d'une profondeur minimale de 10 cm (4 po)
- décorations, telles que des nonpareilles multicolores

Quel enfant n'adore pas la crème glacée molle trempée dans la sauce au chocolat, puis dans les décorations colorées ? Ce cupcake à l'allure festive ressemble à s'y méprendre à ces cornets, mais il contient un gâteau. Pour animer la fête, laissez les enfants ajouter la garniture de leur choix : décorations en sucre, noix, cerises et crème fouettée.

Conseils

- Remplissez les cornets de pâte et déposez-les debout dans un moule à muffins. Ils auront tendance à tomber ; glissez le moule dans le four avec soin. Si désiré, vous pouvez insérer du papier d'aluminium dans les cavités pour fixer les cornets dans le moule.

- Si la ganache met trop de temps à durcir, mettez les cornets au réfrigérateur pour faire prendre la crème.

(A) Glacer les cupcakes en faisant un haut tourbillon.

(C) Laisser égoutter le surplus et durcir la ganache.

(B) Tremper un cupcake dans la ganache.

(D) Rouler le bord de la ganache dans les décorations.

1. Appliquer la crème au beurre à la douille sur les cupcakes en un tourbillon d'environ 7,5 cm (3 po) de hauteur. (Voir A.)

2. Réfrigérer les cupcakes pendant 20 à 30 minutes ou jusqu'à ce que le glaçage soit complètement pris.

3. Faire chauffer de la ganache au four à micro-ondes ou au bain-marie jusqu'à ce qu'elle soit tiède et liquide.

4. Retourner le cupcake à l'envers et le tremper dans la ganache. (Voir B.) Laisser égoutter le surplus de ganache pendant quelques secondes. (Voir C.) Retourner le cupcake à l'endroit et laisser la ganache durcir pendant environ 30 secondes.

5. Rouler le bord de la ganache, juste au-dessus du cornet, dans les décorations. (Voir D.)

40 Cupcakes hiboux

- cupcakes
- crème au beurre à la vanille (recette à la p. 133)
- biscuits sandwichs au chocolat et à la crème, comme les Oreo
- biscuits sandwichs au chocolat et à la crème miniatures, comme les Mini Oreo
- glace royale (recette à la p. 136)
- pastilles de chocolat miniatures enrobées de bonbon, comme les minis M&M's
- bonbons haricots
- spatule coudée de 10 cm (4 po)

Conseil

Laissez vos enfants concevoir leurs propres cupcakes en leur offrant ces mêmes ingrédients. Vous serez surpris de voir à quel point ils peuvent se montrer créatifs avec des bonbons, créant des routes colorées, des tours de biscuits et des fleurs en bonbons haricots.

Mon fils adore les hiboux depuis qu'il a l'âge de parler. Ces oiseaux duveteux et mystérieux avec leurs grands yeux servent de modèle à d'adorables cupcakes si joliment décorés de bonbons et de biscuits. Quel enfant pourrait y résister?

Allons-y!

1. Étaler une mince couche de crème au beurre sur un cupcake. Couvrir la totalité de la surface du cupcake de bonbons miniatures. (Voir A.)

2. Séparer en deux les biscuits sandwichs miniatures et de taille normale, et racler la crème.

3. Couper les biscuits de taille normale en deux pour faire les ailes. Étaler un peu de glaçage sur l'envers des ailes et les disposer sur le cupcake. (Voir B et C.)

4. Appliquer un point de glace royale au centre de deux biscuits miniatures, puis ajouter une pastille de chocolat miniature pour chaque œil.

5. Étaler un peu de glaçage sur l'envers des yeux et les placer sur le cupcake. (Voir D.)

6. Ajouter un bonbon haricot pour faire le bec du hibou. (Voir E.)

(A) Couvrir le cupcake de pastilles de chocolat miniatures.

(B) Étaler du glaçage sur l'envers des ailes.

(D) Placer sur le cupcake.

(C) Disposer les yeux sur le cupcake.

(E) Ajouter un bonbon haricot en guise de bec.

Ce qu'il vous faut

- cupcakes
- crème au beurre verte (recette à la p. 133) dans une poche de 36 cm (14 po) munie d'une grande douille à feuillage (n° 366 de Wilton)
- crème au beurre brune (recette à la p. 133) dans une poche de 36 cm (14 po) munie d'une grande douille à gazon (n° 234 d'Ateco)
- noix de coco grillée
- bonbons haricots

Ces adorables petits nids remplis d'œufs sont parfaits pour une fête printanière, une réception-cadeaux pour bébé et les célébrations de Pâques. Un cupcake au citron serait tout à fait délicieux avec la noix de coco grillée ; sinon, utilisez votre recette de cupcake préférée. Les amateurs de bonbons raffolent des bonbons haricots.

Conseil

Procurez-vous les bonbons haricots tachetés pour avoir des œufs d'aspect plus naturel.

Pour aller plus loin

Disposez les cupcakes dans des emballages à caractère festif, comme les caissettes de carton en forme de clôture montrées sur la photo.

(A) Ajouter une couronne de feuilles.

(C) Ajouter une deuxième couche pour bâtir le nid.

(D) Remplir le nid de noix de coco.

(B) Façonner un cercle pour former le nid.

1. Avec la crème au beurre verte, appliquer une couronne de feuilles autour du bord du cupcake en faisant tourner celui-ci dans la main. (Voir A.)

2. Avec la crème au beurre brune, façonner un cercle à la douille sur le bord intérieur des feuilles. (Voir B.) Continuer à appliquer de la crème au beurre en ajoutant une autre couche pour bâtir le nid. (Voir C.)

3. Remplir le nid avec de la noix de coco grillée. (Voir D.) Ajouter quelques bonbons haricots dans le nid pour figurer les œufs. (Voir E.)

(E) Ajouter les bonbons haricots.

Mariages

J'AI LANCÉ MON ENTREPRISE EN PÂTISSERIE parce que je voulais faire des gâteaux de mariage. C'était il y a 13 ans, et les gâteaux de mariage constituent encore maintenant une grande partie de mes activités. Pendant ce temps, les boutiques de cupcakes ont commencé à surgir un peu partout et je me disais que cette tendance ralentirait, mais chaque année, nous faisons de plus en plus de cupcakes pour les mariages et des réceptions-cadeaux. Les cupcakes sont de petites gâteries tellement adorables, en plus d'être économiques et faciles à transporter. Dans ce module, vous apprendrez à faire des cupcakes étagés, des cupcakes à monogramme, des cupcakes dans des verrines (pour une table de desserts ou une réception-cadeaux), ainsi que des cupcakes dans des bocaux à conserves (comme cadeaux d'invités).

Cupcakes de mariage étagés

- grands cupcakes
- cupcakes de format moyen
- crème au beurre à la vanille (recette à la p. 133) dans une poche de 36 à 46 cm (14 à 18 po) munie d'une grande douille ronde (n° 806 d'Ateco)
- crème au beurre à la vanille dans une poche de 30 cm (12 po) munie d'une petite douille ronde n° 5
- fleurs en sucre
- cure-dents
- perles en sucre comestibles

Ces cupcakes s'inspirent du traditionnel gâteau de mariage et constitue une agréable solution de rechange aux gâteaux individuels que l'on voit souvent lors de mariages. Vous pouvez en servir un par couple, ou les emballer dans une boîte transparente pour les offrir en guise de cadeaux d'invités.

Conseil

Assurez-vous d'aviser vos invités qu'il y a un cure-dents à l'intérieur des cupcakes. Ils devraient le remarquer lorsqu'ils enlèveront la caissette de papier, mais il vaut mieux être prudent.

Allons-y !

(A) Insérer un cure-dents à moitié dessous un cupcake moyen.

(B) Fixer le moyen cupcake sur le grand avec le cure-dents.

(C) Appliquer de la crème au beurre sur le dessus.

(D) Ajouter une bordure de petites perles.

1. À l'aide de la grande douille ronde, appliquer une couche de crème au beurre en spirale sur un grand cupcake.

2. Insérer un cure-dents à moitié dessous un cupcake de format moyen. (Voir A.) Poser ce cupcake sur le grand cupcake en enfonçant le cure-dents dans la crème au beurre et le gâteau. (Voir B.)

3. Appliquer un tourbillon de crème au beurre sur le dessus du cupcake moyen. (Voir C.)

4. Ajouter une bordure de petites perles avec la petite douille ronde, sur le pourtour extérieur du grand cupcake et à la base du petit cupcake. (Voir D.)

5. Garnir de perles et d'une fleur en sucre, si désiré.

Ce qu'il vous faut

- cupcakes déjà glacés
- fondant coloré
  (jaune et blanc sur la photo)
- fécule de maïs
- poudre à lustrer
- petit rouleau à fondant
- emporte-pièces ronds
  cannelés : 5,7 cm et 4,5 cm
  (2¼ po et 1¾ po)
- tampon à monogramme
- petit pinceau

Un monogramme est généralement composé de deux ou trois lettres, mais nous voyons de plus en plus de lettres uniques comme décorations de gâteaux de mariage ou de fête. On se sert souvent du monogramme sur les invitations, les serviettes, le linge de maison, les affichettes et les décorations de desserts. Dans cet atelier, vous apprendrez à combiner quelques techniques de fondant pour créer un cupcake tout à fait adorable.

Conseil

Utilisez des couleurs vives et toutes les lettres de l'alphabet pour une réception-cadeaux pour bébé ou pour un premier anniversaire. Procurez-vous un tampon alphabétique dans une police de caractère originale.

1. Abaisser le fondant jaune au rouleau à une épaisseur de 6 mm (¼ po). Voir l'atelier 11 (p. 34) pour les détails sur la manière d'abaisser du fondant. Se servir du plus grand des emporte-pièces ronds pour découper des cercles de fondant.

2. Abaisser le fondant blanc au rouleau. Appuyer le tampon à monogramme sur le fondant. (Voir A et B.)

3. Placer le plus petit emporte-pièce autour du monogramme et découper un cercle. (Voir C.)

4. Badigeonner d'eau le plus grand cercle. (Voir D.) Centrer le cercle marqué du monogramme sur le plus grand cercle. (Voir E.) Si désiré, appliquer de la poudre à lustrer, ou tracer le contour du monogramme en glace royale.

5. Laisser sécher les cercles de fondant pendant quelques heures. Déposer les cercles sur les cupcakes.

(A) Appuyer le tampon sur le fondant.

(B) Imprimer le monogramme.

(D) Badigeonner d'eau le plus grand cercle.

(C) Découper le cercle marqué du monogramme.

(E) Coller les cercles ensemble.

44

Verrines de tiramisu

- cupcakes miniatures à la vanille
- crème au mascarpone (recette ci-dessous) dans une poche de 30 cm (12 po) munie d'une grande douille ronde (nº 804 d'Ateco)
- sirop de Kahlúa
- copeaux de chocolat
- poudre de cacao
- verrines

Les tables de desserts sont devenues très populaires lors des mariages. Nous faisons généralement un gâteau de mariage plus petit, puis nous créons de 8 à 10 variétés de desserts miniatures. J'aime utiliser des verrines avec des cuillères à moka pour les pots de crème, les mousses et les cupcakes miniatures. Ces tiramisus dans des verrines ont une apparence sophistiquée et fondent dans la bouche !

Conseils

- Pour faire la crème au mascarpone, mélangez de la crème au beurre avec du fromage à la crème (recette à la p. 133) et du mascarpone en parts égales. Si la crème est trop sucrée à votre goût, ajoutez du mascarpone.
- Pour faire le sirop de Kahlúa, ajoutez deux parts de sirop simple à une part de Kahlúa.

Allons-y !

1. Déposer une petite quantité de crème au mascarpone au fond des verrines. (Voir A.)

2. Retirer la caissette de papier d'un cupcake miniature, et poser celui-ci sur la crème. (Voir B.)

3. Badigeonner généreusement le dessus du cupcake avec le sirop de Kahlúa. Ne pas s'inquiéter si un peu de sirop coule sur les côtés du cupcake. (Voir C.)

4. Déposer une autre petite quantité de crème au mascarpone sur le dessus du cupcake. (Voir D.)

5. Garnir de copeaux de chocolat et de poudre de cacao, si désiré. (Voir E.)

Pour aller plus loin

Si vous ne voulez pas utiliser de verrines, confectionnez plutôt des cupcakes fourrés de crème. Laissez le cupcake dans sa caissette de papier et remplissez le centre avec la crème au mascarpone. Passez à l'étape 3. Glacez avec la crème au beurre au moka (p. 84).

(A) Mettre de la crème dans les verrines.

(B) Déposer un cupcake sur la crème.

(D) Surmonter le tout d'un tourbillon de crème.

(C) Badigeonner le cupcake de sirop.

(E) Ajouter la garniture.

45 Conserves de beurre d'arachides et confiture

- cupcakes à la vanille (recette à la p. 140)
- confiture (de framboises sur la photo)
- crème au beurre au beurre d'arachides (recette ci-dessous)
- arachides hachées
- spatule coudée de 10 cm (4 po)
- bocaux à conserves (de type Mason)

Les bocaux à conserves remplis de friandises font d'excellents cadeaux d'invités pour une réception-cadeaux, un mariage champêtre ou une fête d'anniversaire. Les enfants (et les adultes) adoreront ces cupcakes au beurre d'arachides et à la confiture. Et vous pouvez réutiliser le bocal !

Conseils

- Pour faire la crème au beurre au beurre d'arachides, ajoutez du beurre d'arachides à de la crème au beurre à la vanille (recette à la p. 133), au goût.
- Attachez un ruban et une étiquette au bocal. C'est un cadeau d'invités fabuleux pour une fête à l'extérieur.
- Nous avons glacé les cupcakes avec une spatule coudée pour leur donner un aspect plus rustique, mais vous pouvez utiliser une poche à douille si vous trouvez cela plus facile.

(A) *Mettre de la confiture dans le bocal.*

(B) *Déposer un cupcake dans le bocal.*

1. Étaler de la confiture au fond d'un bocal. (Voir A.)

2. Centrer un cupcake dans le bocal, sur la confiture. (Voir B.)

3. Glacer le dessus du cupcake avec de la crème au beurre au beurre d'arachides. (Voir C.)

4. Parsemer généreusement d'arachides hachées. (Voir D.)

(C) *Glacer le cupcake.*

(D) *Parsemer d'arachides.*

Pour aller plus loin

Pour confectionner un dessert de type bagatelle dans un bocal à conserves, défaites deux cupcakes en morceaux d'environ 2,5 cm (1 po) et alternez les couches de confiture, de gâteau et de glaçage jusqu'à ce que le pot soit complètement rempli.

Desserts inusités

DANS CE MODULE, VOUS APPRENDREZ À
confectionner certains cupcakes non traditionnels, tels que les cupcakes gâteau au fromage et ces riches cupcakes au chocolat sans farine. Et vous découvrirez certains desserts tendance amusants tels que les cupcakes pousse-pousse (*cupcake push pops*) et les truffes de gâteau. Voilà d'impressionnants desserts qui épateront vos amis.

- biscuits ronds de 4,5 cm (1¾ po) tels que des galettes à la vanille ou des biscuits au gingembre

- pâte à gâteau au fromage à la vanille (recette à la p. 139)

- framboises fraîches

- tartinade au citron (recette à la p. 142)

- fleurs en sucre ou framboises supplémentaires pour décorer

- caissettes à cupcakes

- moule à cupcakes

- petite cuillère à crème glacée

- spatule coudée de 10 cm (4 po) ou petite cuillère

Ma mère confectionnait une version de ces cupcakes lorsque j'étais jeune, et ils sont devenus des incontournables à toutes nos fêtes de famille. Elle se servait des biscuits du commerce Nilla Wafers pour la croûte et de garniture pour tarte à la cerise. Voici une version modernisée de cette recette avec une tartinade au citron bien acidulée et des framboises fraîches. Une jolie fleur en sucre constitue une décoration parfaite pour ce cupcake.

Croûte de fond maison

Faites vos propres croûtes à partir de votre recette préférée de biscuits au sucre. Abaissez la pâte à biscuits au rouleau à une épaisseur de 1,25 cm (½ po). Avec un emporte-pièce rond de 4,5 cm (1¾ po), découpez environ deux douzaines de biscuits, puis faites-les cuire. Congelez le reste de la pâte découpée dans un sachet à congélation ou un contenant en plastique hermétique pour un usage ultérieur.

1. Placer les caissettes à cupcakes dans le moule. Déposer un biscuit rond au fond de chaque caissette. (Voir A.)

2. Avec la cuillère à crème glacée, déposer une cuillérée de pâte à gâteau au fromage dans chaque caissette. (Voir B.)

3. Enfoncer une framboise au centre de chaque cuillérée et ajouter encore un peu de pâte pour remplir la caissette aux trois quarts. (Voir C.)

4. Faire cuire à 150 °C (300 °F, ou four à gaz à 2) pendant 20 à 30 minutes ou jusqu'à ce que le gâteau soit tout juste pris au centre. (Voir D.) Laisser refroidir, puis réfrigérer.

5. Étaler une mince couche de tartinade au citron sur chaque cupcake à l'aide d'une spatule ou d'une petite cuillère. (Voir E.)

6. Garnir d'une fleur en sucre ou d'une framboise fraîche. (Voir F.)

(A) Déposer un biscuit dans la caissette.

(B) Mettre la pâte sur le biscuit à l'aide de la cuillère.

(C) Ajouter une framboise et la recouvrir de pâte.

(D) Faire cuire jusqu'à ce que le gâteau soit tout juste pris.

(E) Étaler de la tartinade au citron sur le dessus.

(F) Décorer d'une fleur en sucre.

47 Truffes de gâteau

- miettes de gâteau
  (au citron sur la photo)
- crème au beurre
  (recette à la p. 133)
- chocolat tempéré ou
  bonbons Candy Melts
  (blancs sur la photo),
  fondus et gardés au chaud
- décorations en sucre
- petite cuillère à crème
  glacée (n° 70)
- plaque à pâtisserie tapissée
  de papier parchemin ou ciré
- noix de coco grillée
  (optionnelle)

Les boules et les sucettes de gâteau sont en vogue depuis quelques années déjà. Je préfère les boules parce qu'elles ressemblent à des truffes, qu'elles peuvent être emballées de manière élégante et qu'elles sont plus faciles à présenter. Si vous voulez faire des sucettes de gâteau pour une fête d'enfants amusante, ajoutez simplement un bâton.

Conseils

- À l'étape 1, vous pouvez vous servir d'une cuillère pour mélanger les miettes et la crème au beurre, mais vous devez vous assurer de ne pas trop écraser les miettes, sans quoi les truffes seront trop humides. Je préfère utiliser les mains.

- Lorsque vous trempez des boules ou des truffes de gâteau, servez-vous d'un coussin chauffant sous le plat pour garder le mélange tiède, sans qu'il soit trop chaud.

- Pour faire des sucettes de gâteau, trempez un bâton dans le chocolat, puis enfoncez-le dans une boule de gâteau avant de laisser refroidir.

Allons-y!

1. Mettre les miettes de gâteau et la noix de coco grillée (si désiré) dans un grand bol. Ajouter graduellement de petites quantités de crème au beurre tout en mélangeant les miettes avec les mains ou avec une cuillère.

2. Ajouter juste ce qu'il faut de crème au beurre pour pouvoir former de petites boules qui se tiennent. Ne pas trop mélanger. (Voir A.)

3. Se servir d'une cuillère pour obtenir des boules de taille identique ; rouler la pâte entre les mains et déposer les boules sur une plaque. Réfrigérer pendant quelques heures jusqu'à ce qu'elles soient prises. (Voir B.)

4. À l'aide d'une fourchette, rouler les boules dans le chocolat ou les bonbons fondus. (Voir C.) Frapper la fourchette sur le bord du bol pour enlever l'excédent. Déposer les boules sur une plaque à pâtisserie tapissée de papier parchemin. (Voir D.)

5. Si désiré, ajouter les décorations pendant que le chocolat ou les bonbons fondus sont encore humides. (Voir E.)

Pour aller plus loin

- Une fois que les boules sont prises, garnissez-les de filets de différents types de chocolat fondu.

- Vous pouvez également mélanger de la noix de coco râpée à la pâte à gâteau.

(A) Cesser de mélanger lorsqu'on peut former une petite boule.

(B) Prendre une cuillérée de pâte et former une boule avec les mains.

(C) Recouvrir les boules de chocolat blanc fondu.

(D) Déposer sur une plaque à pâtisserie.

(E) Ajouter les décorations en sucre.

48 Gâteaux pousse-pousse

Ce qu'il vous faut

- tranches de gâteau de 1,25 cm (½ po) (gâteau au citron sur la photo)

- confiture (aux fraises sur la photo) dans une poche de 30 cm (12 po) munie d'une grande douille ronde (n° 804 d'Ateco)

- crème au beurre parfumée (recette à la p. 133 ; à la fraise sur la photo) dans une poche de 30 cm (12 po) munie d'une grande douille ronde (n° 804 d'Ateco)

- paillettes ou confettis comestibles

- emporte-pièce rond de 5 cm (2 po)

- contenants à gâteau pousse-pousse (*push pop containers*)

Les gâteaux pousse-pousse (*cake push pops*) sont nouveaux et tout à fait tendance ! Ces sucettes sont idéales si vous devez transporter le dessert. Elles peuvent être remplies de garnitures de saveurs différentes, en combinaisons de votre choix. Vous devez faire l'achat des contenants, mais ils sont réutilisables, et il existe de nombreuses manières amusantes de les présenter.

Conseil

Vous pouvez aussi utiliser des cup-cakes miniatures dans les contenants à gâteau pousse-pousse. Vous ne pourrez mettre que deux cupcakes par sucette avec un étage de garniture entre les deux. Si vous désirez mettre davantage de garniture, vous pouvez couper les cupcakes à l'horizontale. Comme garniture, vous pouvez utiliser de la confiture, de la tartinade, de la ganache ou du glaçage, seuls ou en combinaison.

Allons-y !

1. Découper les tranches de gâteau en rondelles de 5 cm (2 po) avec l'emporte-pièce. Déposer une rondelle au fond du contenant pousse-pousse. (Voir A.)

2. Étaler une mince couche de confiture sur le gâteau. (Voir B.)

3. Répéter avec une deuxième rondelle de gâteau. (Voir C.)

4. Déposer une mince couche de crème au beurre sur ce deuxième étage de gâteau. (Voir D.)

5. Surmonter d'un troisième étage de gâteau, et terminer par de la crème au beurre. (Voir E et F.)

6. Parsemer de confettis.

(A) *Déposer une rondelle de gâteau au fond du contenant.*

(B) *Ajouter une couche de confiture.*

(C) *Ajouter une autre tranche de gâteau.*

(D) *Ajouter de la crème au beurre.*

(E) *Déposer un troisième étage de gâteau.*

(F) *Terminer avec de la crème au beurre.*

Gâteaux miniatures en forme de  rose

- enduit antiadhésif en vaporisateur
- pâte à cupcake (pâte à la vanille et à la cardamome sur la photo)
- nappage à l'eau de rose (recette ci-dessous)
- pétales de rose comestibles
- blanc d'œuf
- sucre super fin
- moule à petits gâteaux (en forme de rose, ou motif au choix)
- grille de métal
- plaque à pâtisserie

Vous pouvez faire cuire des cupcakes dans des moules de formes variées. Nous avons fait cuire notre pâte à cupcake à la vanille (à laquelle nous avons ajouté une petite quantité de cardamome pour la relever) dans un moule à petits gâteaux en forme de rose et avons versé du nappage à l'eau de rose en filet sur le dessus. Des pétales de rose cristallisés constituent une jolie décoration pour ces gâteaux.

Conseils

- Pour réaliser le nappage à l'eau de rose, mélangez au fouet 125 ml (½ tasse) de sucre glace et 30 à 45 ml (2 à 3 c. à soupe) de crème épaisse. Ajoutez de l'eau de rose au goût, pas plus de 15 ml (1 c. à soupe).
- À l'étape 2, vous pouvez réutiliser le nappage qui a coulé sur la plaque.

Allons-y !

(A) Faire cuire la pâte à cupcake dans le moule à petits gâteaux.

(C) Ajouter du nappage.

(B) Verser le nappage en filet.

(D) Frotter les pétales pour retirer l'excédent de sucre.

1. Commencer par vaporiser le moule d'enduit antiadhésif. Remplir le moule aux trois quarts et faire cuire jusqu'à ce qu'un cure-dents en ressorte propre, de 20 à 25 minutes. Laisser refroidir les gâteaux environ 5 minutes dans le moule, puis les retourner sur une plaque à pâtisserie. (Voir A.)

2. Poser les gâteaux sur une grille de métal au-dessus d'une plaque à pâtisserie et y verser le nappage en filet. (Voir B et C.)

3. Voir l'atelier 9 (p. 28) pour la confection de fleurs cristallisées. Appliquer du blanc d'œuf au pinceau sur les pétales et saupoudrer de sucre super fin. Frotter légèrement les pétales avec les doigts pour enlever l'excédent de sucre. (Voir D.)

50

Gâteaux
au chocolat sans farine

- pâte à gâteau au chocolat sans farine (recette à la p. 139)
- ganache (recette à la p. 135)
- confiture de framboises dans une poche munie d'une douille ronde n° 3
- framboises
- ramequins de porcelaine ou moules à cupcakes en silicone
- plat à rôtir ou tout autre plat avec bords de 5 cm (2 po) allant au four
- grille de métal
- plaque à pâtisserie

Les gâteaux au chocolat sans farine figurent dans les choix de desserts des restaurants depuis des années. Je continue de les adorer. Ils ne sont pas difficiles à réaliser, ils sont très chics et ont un goût raffiné. C'est aussi un dessert idéal pour ceux qui ne consomment pas de gluten.

Conseils

- Pour éviter que l'eau s'infiltre dans la pâte à gâteau lorsque vous mettez le plat au four, déposez d'abord le plat avec les moules remplis de pâte sur la grille du four, puis versez délicatement de l'eau chaude dans le plat avant de refermer la porte.

- Variez la décoration des assiettes : utilisez de la sauce au caramel, de la crème anglaise, du chocolat blanc fondu ou de la marmelade d'oranges.

(A) Placer les moules dans le plat à rôtir avec de l'eau.

(B) Retourner les gâteaux sur la grille.

(D) Utiliser une spatule pour lisser.

1. Pour faire cuire les gâteaux au chocolat, remplir les ramequins ou les moules aux trois quarts avec la pâte et les déposer dans le plat à rôtir. Verser de l'eau chaude dans le plat jusqu'à la moitié des moules. (Voir A.)

2. Faire cuire à 150 °C (300 °F, ou four à gaz à 2) jusqu'à ce que le centre soit tout juste pris ; de 20 à 25 minutes. Laisser refroidir complètement, puis retourner les gâteaux sur une grille. (Voir B.)

3. Disposer les gâteaux sur la grille de métal posée au-dessus d'une plaque à pâtisserie. Verser de la ganache sur chaque gâteau pour l'enrober complètement. (Voir C.) Pour vous assurer que les côtés sont bien recouverts, utiliser la spatule coudée pour étaler rapidement la ganache dans les interstices. (Voir D.) Laisser prendre. Récupérer l'excédent de ganache qui a coulé sur la plaque et réserver pour une autre utilisation.

(C) Recouvrir de ganache.

4. Tracer des motifs de confiture sur une assiette à l'aide de la poche à douille. Retirer un gâteau de la grille et le posez sur l'assiette. (Voir E.) Décorer de framboises.

(E) Retirer de la grille et poser sur des assiettes décorées.

Présentation

LA PRÉSENTATION EST UN ÉLÉMENT TRÈS IMPORTANT de tout dessert. Si l'aspect du dessert en lui-même est primordial, il en va de même des accessoires qui l'entourent. Un cupcake glacé tout simplement peut avoir l'air fabuleux dans la bonne caissette de papier, dans un joli emballage ou sur une table de desserts bien décorée. Les cupcakes font de merveilleux cadeaux, mais vous devez avoir l'emballage qui leur convient. J'adore fouiner chez les antiquaires, dans les magasins de rabais et dans les présentoirs d'articles en liquidation pour trouver des socles, des plateaux et des supports à gâteaux à ajouter à ma collection.

ATELIER 51 — Socles et supports à cupcakes

Ce qu'il vous faut

- cupcakes
- socles
- assiettes et plateaux décoratifs
- supports à cupcakes
- verrerie décorative

Lorsque je présente des cupcakes, j'utilise rarement une seule grande tour à cupcakes. J'aime agencer un petit support à cupcakes avec divers autres socles et plateaux. Si vous voulez que votre table ait un caractère plus festif, prenez le temps de faire d'autres desserts, ou achetez quelques bonbons.

Conseil

Remplissez des bocaux ou des vases en verre avec des fruits, des pailles amusantes, des bonbons en sucre d'orge, des sucettes ou des réglisses pour donner un peu de hauteur et de couleur à votre table de desserts.

1. Les tours de cupcakes sont en vogue et remplacent souvent le traditionnel gâteau de mariage. Cependant, nous vous recommandons de ne pas placer le gâteau « à couper » sur l'étage du haut. La raison pour laquelle le marié et la mariée ne coupent pas l'étage du haut d'un gâteau de mariage est qu'il est difficile de l'atteindre en raison de sa hauteur. Nous vous recommandons plutôt de placer le gâteau à couper sur un magnifique socle à part, de sorte que ce petit

(A) Gâteau à couper.

gâteau bien spécial reçoive l'attention qu'il mérite et que les mariés puissent le couper facilement. (Voir A.)

2. En ce moment, les tables de desserts sont très en vogue à l'occasion de mariages, de fêtes d'anniversaires ou autres événements. Elles sont jolies à regarder, les délicieux cupcakes et autres desserts constituant un décor élégant. Il est préférable qu'il y ait un thème, une palette de couleurs et un centre d'attraction, tel qu'un gâteau ou un support à cupcakes, comme point de départ à l'agencement de votre table de desserts. Il est essentiel de varier les hauteurs pour réussir une table attrayante, et de petits écriteaux manuscrits ajoutent une touche personnelle. (Voir B.)

3. Ne pas hésiter à mélanger différents types de supports, socles et plateaux. Créer une présentation vivante et inusitée en utilisant beaucoup de couleurs et de textures, ou un agencement épuré et moderne avec du verre, de l'argenterie et du blanc.

(B) Table de desserts.

ATELIER

52

Rubans, emballages et contenants

Ce qu'il vous faut

- boîtes en carton pour cupcakes (avec plateau amovible perforé)
- sacs de cellophane
- verres en plastique transparent de 355 ml (12 oz) avec couvercles
- boîtes pour mets à emporter
- emballages à cupcakes
- ensembles à cupcakes

Les cupcakes ne sont pas faciles à emballer parce qu'ils sont fragiles et qu'ils peuvent se renverser s'ils ne sont pas bien calés dans leur emballage. Il existe de très jolis sacs et cartons offerts en ligne et dans les boutiques d'artisanat. Vous trouverez ci-dessous quelques idées originales et des conseils pour emballer vos créations.

Ensembles à cupcakes

Conseil

On trouve partout de jolis ensembles à cupcakes qui comprennent des caissettes de papier et des décorations assorties. C'est un excellent moyen d'adapter vos cupcakes à votre thème lorsque vous disposez de peu de temps.

(A) Boîte en carton (avec plateau amovible perforé).

1. Utiliser des plateaux amovibles perforés ou déposer les cupcakes les uns contre les autres dans leur boîte afin qu'ils ne se déplacent pas lors du transport. (Voir A.)

2. En guise de cadeaux d'invités, emballer les cupcakes dans une boîte à cupcakes transparente ou un sac de cellophane attaché avec un joli ruban. Le sac convient mieux aux cupcakes recouverts de fondant, car la crème au beurre adhérerait au sac. (Voir B.)

3. Dans notre boulangerie, nous mettons souvent nos cupcakes dans un verre en plastique de 355 ml (12 oz) renversé avec couvercle. C'est un emballage portatif que l'on peut réutiliser ! (Voir C.)

4. Les boîtes pour mets à emporter sont offertes en une variété de couleurs ou en plastique transparent, et constituent une autre excellente solution d'emballage. (Voir D.)

5. Les contenants à cupcakes sont de plus en plus populaires. Les fabriquer en créant un modèle et en se servant de ciseaux et de poinçons, ou les acheter dans la plupart des boutiques d'artisanat ou en ligne. (Voir E.)

(B) Sac transparent avec cupcake.

(C) Cupcake dans un verre.

(D) Boîte pour mets à emporter.

(E) Emballages à cupcakes.

Recettes préférées

LA PÂTISSERIE PEUT PARAÎTRE DIFFICILE, plus particulièrement lorsqu'on prépare tout soi-même à partir d'ingrédients de base. Bien entendu, vous pouvez utiliser des préparations pour cupcakes et des glaçages du commerce pour tous les ateliers présentés ici, mais j'espère que les recettes contenues dans ce livre vous inspireront et que vous vous essaierez à les confectionner vous-même. En cuisine, je crois aux vertus des ingrédients frais et de qualité, et de préférence de provenance locale. Je présente ici certaines des recettes essentielles mais toutes simples dont nous nous servons chaque jour à la boulangerie. Essayez notre crème au beurre à la meringue suisse. Elle est légère et mousseuse, pas trop sucrée. Bonne dégustation !

Crème au beurre (à la meringue suisse)

La meringue suisse est un glaçage à la crème au beurre classique. C'est ma recette de crème au beurre passe-partout que vous devriez utiliser pour tous les ateliers, à moins d'indication contraire. J'ai modifié les proportions au fil des ans, mais j'ai appris à travailler avec cette crème au beurre lors de mon premier emploi en pâtisserie à Chicago. La propriétaire s'en servait pour décorer les gâteaux de mariage, ce qui est plutôt rare. Cette crème au beurre n'est pas aussi stable que la meringue italienne, mais son goût est exceptionnel. Elle est légère, pas trop sucrée, et très facile à réaliser. C'est la seule crème au beurre dont je me sers, et bon nombre de mes clients proclament que c'est « le meilleur glaçage qu'ils aient jamais goûté ! ». Il faut qu'elle soit à la température de la pièce au moment de la déguster, car elle est dure comme du beurre lorsqu'elle est réfrigérée. Cette crème au beurre peut aussi fondre comme du beurre ; il est donc important de réfrigérer les cupcakes jusqu'au moment du transport lors d'une journée chaude.

250 ml (1 tasse) de blanc d'œuf

375 ml (1½ tasse) de sucre

454 g (1 lb) de beurre mou, coupé en morceaux de 5 cm (2 po)

5 ml (1 c. à thé) d'extrait de vanille

1. Mélanger au fouet les blancs d'œufs et le sucre dans un grand cul de poule en acier inoxydable posé au-dessus d'un bain d'eau chaude jusqu'à ce que le mélange soit chaud au toucher et que le sucre soit dissout, à 60 °C (140 °F) au thermomètre à mesure instantanée. Il faut remuer le mélange constamment, sans quoi les blancs d'œufs cuiront à la chaleur.

2. Avec le batteur à main ou dans le bol d'un batteur sur socle muni du fouet, fouetter le mélange jusqu'à l'obtention de pics fermes.

3. Ajouter le beurre ramolli morceau par morceau, puis ajouter la vanille. Racler les bords du bol et mélanger à vitesse moyenne jusqu'à ce que la crème au beurre forme une masse.

4. Conserver la crème au beurre dans un contenant hermétique jusqu'à une semaine au réfrigérateur ou trois mois au congélateur.

Donne environ 1 L (4 tasses), suffisamment pour glacer 12 cupcakes.

Conseils

- La crème au beurre peut sembler se séparer avant d'atteindre une consistance lisse et luisante. Il faut éviter de trop mélanger cette crème au beurre ; la mélanger seulement jusqu'à ce qu'elle soit d'apparence lisse.

- S'il reste des grumeaux de beurre apparents, c'est que le beurre était trop froid. Posez le bol sur un bain-marie, faites fondre légèrement, puis fouettez de nouveau. Si la crème au beurre est d'apparence lisse mais qu'elle est très liquide, c'est qu'elle est trop chaude. Réfrigérez le bol de 5 à 10 minutes, puis fouettez de nouveau.

Crème au beurre au fromage à la crème

Voici un glaçage délicieux, essentiel pour les gâteaux aux carottes et les gâteaux *red velvet*. Pas trop sucré, goûteux et acidulé.

225 g (8 oz) de fromage à la crème, ramolli

225 g (½ lb) de beurre non salé, ramolli

5 ml (1 c. à thé) d'extrait de vanille

565 ml (2¼ tasses) de sucre glace, tamisé

1. Mettre le fromage à la crème dans un grand bol ou dans le bol du batteur sur socle. Battre jusqu'à consistance lisse, en raclant les bords du bol au besoin.

2. Ajouter le beurre graduellement, jusqu'à ce qu'il soit incorporé et lisse, en raclant les bords du bol au besoin.

3. Ajouter la vanille. Ajouter lentement le sucre glace. Une fois tout le sucre ajouté, racler les bords, augmenter la vitesse et fouetter pendant une minute ou jusqu'à consistance lisse.

4. Conserver au réfrigérateur jusqu'à une semaine.

Donne environ 750 ml (3 tasses), suffisamment pour glacer 12 cupcakes.

Nappage aux fruits

Ce nappage est un agréable glaçage naturel pour des cupcakes. À la boulangerie, nous nous servons de fruits de saison et faisons nos propres purées. Réduisez les fruits en purée au mélangeur (vous pouvez mélanger les fruits, au goût). Faites cuire la purée avec un peu de sucre pour faire réduire la quantité de liquide. Congelez la purée en petites portions que vous pouvez utiliser au besoin pour faire le nappage.

Environ 750 ml (3 tasses) de sucre glace

65 à 85 ml (¼ à ⅓ tasse) de purée de fruits
    (framboises, fraises, oranges, etc.)

1. Combiner tous les ingrédients dans un grand bol ou dans le bol d'un batteur sur socle.

2. Battre ou fouetter lentement jusqu'à ce que le sucre glace commence à s'incorporer aux fruits. Augmenter la vitesse du batteur à moyen, ou battre à la main jusqu'à ce que le glaçage soit lisse et luisant, environ 3 minutes. Ajouter de la purée au besoin pour atteindre la consistance nécessaire pour glacer des cupcakes.

Donne environ 500 ml (2 tasses).

Ganache

Tous les boulangers et les chefs pâtissiers se doivent de savoir réaliser une ganache riche et crémeuse. Cette recette est polyvalente, car il s'agit d'une crème que l'on peut fouetter, appliquer à la douille, verser ou mouler, selon sa consistance. Ne lésinez pas sur la qualité du chocolat, car celle-ci influera sur le goût de la ganache.

250 ml (1 tasse) de crème épaisse

225 g (8 oz) de chocolat noir ou mi-sucré, haché

1 pincée de sel

1. Chauffer la crème jusqu'à ce qu'elle mijote ou que des petites bulles se forment sur le pourtour de la casserole.

2. Mettre le chocolat haché dans un grand bol. Un cul de poule en acier inoxydable constitue le récipient idéal. Verser la crème chaude sur le chocolat. Couvrir d'une pellicule plastique pendant 3 à 5 minutes, jusqu'à ce que le chocolat ait fondu ; ajouter le sel.

3. Mélanger au fouet pour amalgamer les ingrédients. S'il reste des morceaux de chocolat, réchauffer le mélange au bain-marie.

4. Laisser refroidir.

5. Conserver la ganache en déposant une pellicule plastique sur la surface de la crème afin d'empêcher une peau de se former ; laisser à la température de la pièce jusqu'à deux jours. Réfrigérer la ganache pour la conserver plus longtemps.

Donne 440 ml (1¾ tasse).

Conseil

Il est possible d'infuser la ganache de saveurs en ajoutant des herbes à la crème, comme de la lavande ou de la menthe. Passez la crème au tamis pour éliminer les herbes avant de la verser sur le chocolat. On peut également ajouter des parfums à la ganache une fois qu'elle est terminée, comme des liqueurs, de la poudre d'expresso instantané, des extraits et des purées de fruits.

Glace royale

La glace royale est simple à réaliser et essentielle pour les décorations qui doivent durcir. C'est le seul glaçage que nous utilisons pour donner aux biscuits au sucre une jolie finition lisse et lustrée. Dans ce livre, nous indiquons la consistance de glace royale que vous devez utiliser pour chaque projet. Pour les détails à la poche à douille et les fleurs, il faut que la glace ait la consistance de pics fermes. Les pics moyens se prêtent, quant à eux, au tracé de contours et aux motifs de base à la poche à douille. Une glace liquide ne formant aucun pic est ce qu'il y a de mieux pour faire du remplissage de formes ou pour glacer des biscuits au sucre.

3 blancs d'œufs

1,25 L (4½ tasses) de sucre glace

15 ml (1 c. à soupe) d'eau

1. Combiner tous les ingrédients dans un grand bol ou dans le bol d'un batteur sur socle. Battre ou fouetter lentement jusqu'à ce que le sucre glace commence à s'incorporer aux blancs d'œufs. Augmenter la vitesse du batteur à moyen, ou battre à la main jusqu'à ce que le glaçage soit lisse et luisant, environ 3 minutes.

2. Ajuster la quantité de sucre ou d'eau pour atteindre la consistance désirée.

Donne environ 500 ml (2 tasses).

Cupcakes au chocolat

750 ml (3 tasses) de farine tout usage

5 ml (1 c. à thé) de levure chimique

5 ml (1 c. à thé) de bicarbonate de soude

5 ml (1 c. à thé) de sel

190 ml (¾ tasse) de poudre de cacao foncée ou de cacao hollandais

190 ml (¾ tasse) d'eau chaude

565 ml (2¼ tasses) de sucre

4 œufs

375 ml (1½ tasse) d'huile de canola

15 ml (1 c. à soupe) de vanille

250 ml (1 tasse) de babeurre

1. Préchauffer le four à 180 °C (350 °F, ou four à gaz à 4).

2. Tamiser la farine, la levure chimique, le bicarbonate de soude et le sel ensemble dans un bol moyen.

3. Dans un petit bol, fouetter ensemble l'eau chaude et la poudre de cacao jusqu'à ce qu'il ne reste plus de grumeaux.

4. Combiner le sucre et les œufs au fouet dans un grand bol ou dans le bol du batteur sur socle. Ajouter l'huile et la vanille.

5. Ajouter graduellement le mélange de cacao au mélange d'œufs et de sucre en fouettant constamment.

6. Ajouter les ingrédients secs et le babeurre en alternance, en trois fois, en commençant et en terminant par les ingrédients secs.

7. Répartir la pâte dans des caissettes de papier pour cupcakes. Faire cuire de 16 à 20 minutes.

Donne de 35 à 40 cupcakes.

Cupcakes au chocolat sans farine

Les gâteaux au chocolat sans farine sont les desserts par excellence pour les mordus du chocolat; et on peut les garnir de bien des manières différentes. Si le glaçage des cupcakes à la ganache vous intimide, contentez-vous de les saupoudrer de sucre glace et d'y verser un filet de ganache.

454 g (16 oz) de chocolat mi-sucré, haché

225 g (½ lb, ou 2 bâtonnets) de beurre non salé

15 ml (1 c. à soupe) de vanille

8 œufs

65 ml (¼ tasse) de sucre

3 ml (½ c. à thé) de sel

1. Préchauffer le four à 150 °C (300 °F, ou four à gaz à 2).

2. Faire fondre le chocolat et le beurre au bain-marie jusqu'à consistance lisse; incorporer la vanille. Laisser refroidir légèrement le mélange.

3. À l'aide d'un batteur sur socle ou d'un batteur à main, battre les œufs, le sucre et le sel à grande vitesse jusqu'à ce que le mélange double de volume, environ 5 minutes.

4. Avec une spatule de caoutchouc, incorporer un tiers du mélange d'œufs dans le chocolat jusqu'à ce que les œufs soient presque entièrement intégrés. Répéter en incorporant la moitié du mélange restant, et ensuite le dernier tiers, jusqu'à ce que la pâte soit entièrement mélangée.

5. Pour confectionner des cupcakes, consulter les instructions de l'atelier 50 à la page 124. Pour faire un gâteau plus grand, doubler le fond d'un moule à charnière de 20 à 23 cm (8 ou 9 po) avec du papier parchemin. Verser la pâte dans le moule préparé et frapper celui-ci sur le comptoir pour égaliser la surface. Envelopper le fond du moule à charnière de papier d'aluminium afin d'empêcher l'eau de s'y infiltrer. Placer le moule dans un plat à rôtir pouvant le contenir et verser de l'eau chaude dans le plat, autour du moule à charnière. Faire cuire jusqu'à ce que le gâteau ait levé légèrement et que le centre soit presque pris, comme pour la cuisson du gâteau au fromage, de 20 à 25 minutes pour les cupcakes, de 25 à 30 minutes pour un gâteau de 20 cm (8 po) et de 18 à 20 minutes pour un gâteau de 23 cm (9 po).

6. Retirer le moule du plat à rôtir et déposer sur une grille pour refroidir. Couvrir et réfrigérer de 4 à 6 heures avant de démouler le gâteau. Il est possible de conserver ce gâteau de deux à trois jours au réfrigérateur.

Donne 12 cupcakes ou ramequins, ou un gâteau rond de 20 ou 23 cm (8 ou 9 po).

Cupcakes au fromage à la vanille

Je me sers de cette recette pour confectionner des cupcakes, des barres et de grands gâteaux au fromage. Il offre une belle texture crémeuse et convient à merveille pour réaliser les Cupcakes gâteau au fromage recouverts de tartinade au citron de la page 116. Pour faire un gâteau au fromage au chocolat, ajoutez environ 55 g (2 oz) de chocolat fondu à la pâte avant de faire cuire le gâteau et glacez-le de ganache au lieu de la tartinade au citron.

454 g (16 oz) de fromage à la crème, à la température de la pièce

250 ml (1 tasse) de sucre

3 œufs

5 ml (1 c. à thé) de vanille

65 ml (¼ tasse) de crème épaisse

1. Préchauffer le four à 170 °C (325 °F, ou four à gaz à 3). Doubler un moule à muffins de caissettes de papier et y déposer un biscuit comme croûte du fond.

2. Battre le fromage et le sucre ensemble jusqu'à consistance lisse (aucun grumeau).

3. Ajouter les œufs un à la fois en raclant les bords du bol.

4. Ajouter la vanille et la crème, et battre le mélange.

5. Déposer des cuillérées de mélange dans les moules à muffins et faire cuire de 18 à 20 minutes.

Donne environ 12 cupcakes.

Cupcakes à la vanille

Vous pouvez varier cette recette de cupcakes moelleux et délicieux pour obtenir autant de parfums que vous voulez. Incorporez simplement les arômes dans la pâte avant de faire cuire les gâteaux. Ajoutez du zeste et du jus de citron pour confectionner des cupcakes au citron ou des flocons de noix de coco pour des cupcakes exotiques. Le zeste d'orange est un autre arôme frais et merveilleux. Après la cuisson, badigeonnez le dessus des cupcakes de sirop aromatisé ou fourrez des cupcakes à la vanille déjà cuits de confiture, de crème pâtissière ou de tartinade au citron. Tant de variantes, toutes aussi délicieuses les unes que les autres.

375 ml (1½ tasse) de farine à pâtisserie ou de farine tout usage

2,5 ml (½ c. à thé) de levure chimique

1 ml (¼ c. à thé) de bicarbonate de soude

3 ml (½ c. à thé) de sel

170 g (⅜ lb, ou 1½ bâtonnet) de beurre non salé, à la température de la pièce

250 ml (1 tasse) de sucre

3 œufs

5 ml (1 c. à thé) de vanille

120 ml (½ tasse) de babeurre

1. Préchauffer le four à 180 °C (350 °F, ou four à gaz à 4).
2. Tamiser la farine, la levure chimique, le bicarbonate de soude et le sel ensemble dans un bol moyen ; réserver.
3. Dans le bol du batteur sur socle muni du fouet flexible (ou utiliser un batteur à main), battre le beurre et le sucre jusqu'à ce que le mélange soit pâle et mousseux, environ 3 minutes, en raclant les bords du bol au besoin.
4. Ajouter les œufs, un à la fois, en raclant les bords du bol entre les ajouts et en mélangeant à basse vitesse jusqu'à ce qu'ils soient incorporés ; ajouter la vanille.
5. Ajouter les ingrédients secs et le babeurre en alternance, en trois fois, en commençant et en terminant par les ingrédients secs.
6. Répartir la pâte dans des caissettes de papier pour cupcakes déposées dans un moule à muffins. Faire cuire de 15 à 18 minutes.

Donne de 18 à 20 cupcakes.

Conseil

Pour obtenir des cupcakes plus moelleux, je préfère utiliser la farine à pâtisserie, mais ils seront néanmoins tendres si vous utilisez de la farine tout usage.

Préparation pour truffes au chocolat blanc

Les truffes au chocolat sont sophistiquées et les préparer peut sembler intimidant, mais ce n'est pas le cas. Comme le trempage dans le chocolat tempéré peut être un peu difficile à réaliser, nous avons préféré rouler celles-ci dans la noix de coco râpée pour confectionner les bonshommes de neige. Pour varier la présentation, roulez-les dans des noix hachées, du cacao, des paillettes ou des copeaux de chocolat. Vous pouvez également préparer cette recette sans noix de coco. Ajoutez un trait de liqueur de votre choix pour le parfumer.

65 ml (¼ tasse) de crème épaisse

225 g (8 oz) de chocolat blanc de bonne qualité, finement haché

65 ml (¼ tasse) de noix de coco râpée finement et sucrée

1. Dans une petite casserole, amener la crème à petite ébullition.
2. Retirer la casserole du feu, ajouter le chocolat et mélanger au fouet jusqu'à consistance lisse.
3. Transférer la préparation dans un bol et ajouter la noix de coco.
4. Réfrigérer la préparation jusqu'à ce qu'elle soit suffisamment ferme pour le prendre à la cuillère et former des boules.

Donne environ 250 ml (1 tasse) de préparation, soit environ 20 truffes de 15 g (½ oz).

Tartinade à la limette

115 g (¼ lb, ou 1 bâtonnet) de beurre non salé

1 œuf

6 jaunes d'œufs

250 ml (1 tasse) de sucre

Zeste de 3 limettes

85 ml (⅓ tasse) de jus de limette

23 ml, (1½ c. à soupe) de fécule de maïs,
dissoute dans de l'eau froide

1. Faire fondre le beurre à feu doux dans une petite ou moyenne marmite à fond épais en acier inoxydable. Laisser refroidir quelques minutes.

2. Dans un bol, fouetter ensemble l'œuf, les jaunes d'œufs et le sucre.

3. Ajouter le zeste et le jus de limette en mélangeant au fouet.

4. Verser le mélange à la limette et la fécule de maïs dans le beurre fondu et mélanger au fouet.

5. À feu doux, remuer ce mélange constamment avec une spatule de caoutchouc à l'épreuve de la chaleur.

6. Amener à ébullition dans la marmite et laisser bouillir pendant une minute complète en remuant constamment. Passer au tamis fin pour retirer le zeste et tout grumeau d'œuf cuit, le cas échéant. Réfrigérer avant l'utilisation.

Conseil : Pour faire une tartinade au citron, remplacer le jus et le zeste de limette par du citron.

Biscuits au sucre

815 ml (3¼ tasses) de farine tout usage

1,25 ml (¼ c. à thé) de sel

285 g (⅝ lb, ou 2½ bâtonnets) de beurre non salé,
à la température de la pièce

250 ml (1 tasse) de sucre granulé

1 gros œuf

1 gros jaune d'œuf

5 ml (1 c. à thé) d'extrait de vanille

1. Préchauffez le four à 180 °C (350 °F, ou four à gaz à 4).

2. Dans un bol moyen, mélangez la farine et le sel au fouet.

3. Dans un grand bol, mélanger le beurre et le sucre au batteur à main ou au batteur sur socle à vitesse moyenne élevée jusqu'à ce que le mélange soit léger et onctueux en raclant les bords du bol à l'aide d'une spatule pour éliminer les grumeaux.

4. Ajouter l'œuf, le jaune d'œuf et la vanille et mélanger à basse vitesse jusqu'à ce qu'ils soient incorporés au mélange, en raclant les bords.

5. Ajouter graduellement le mélange de farine, un tiers à la fois, en mélangeant à basse vitesse jusqu'à ce qu'il soit uniformément incorporé.

6. Diviser la pâte en deux disques de 2,5 à 5 cm (1 à 2 po) d'épaisseur, envelopper d'une pellicule plastique et réfrigérer jusqu'à fermeté, au moins 1 heure. Il est possible de faire la pâte à l'avance et de la conserver de 3 à 4 jours au réfrigérateur, ou jusqu'à 6 mois au congélateur. On peut également congeler les biscuits non cuits.

7. Sur une surface légèrement farinée, abaisser la pâte au rouleau à une épaisseur de 6 mm (¼ po). Découper les biscuits avec l'emporte-pièce de son choix. Disposer les biscuits à 1,25 cm (½ po) de distance les uns des autres sur des plaques à pâtisserie.

8. Faire cuire les biscuits jusqu'à ce qu'ils soient brun doré sur les bords, de 10 à 15 minutes, selon la taille des biscuits. Laisser refroidir sur une grille. Décorer au goût.

Ressources

AC Moore

www.acmoore.com

Collection complète d'articles pour la pâtisserie et la décoration. En anglais seulement.

BRP Box Shop

www.brpboxshop.com

Boîtes en carton pour cupcakes (avec plateau amovible perforé). En anglais seulement.

Fancy Flours

www.fancyflours.com

Moules et caissettes à cupcakes et à muffins, décorations et papiers comestibles, emporte-pièces. En anglais seulement.

Global Sugar Art

www.globalsugarart.com

Fondant, pastillage, outils à fondant et pastillage, moules en silicone, feuilles d'impression en relief, décorations comestibles, moules à cupcakes et à gâteaux. En anglais seulement.

Hobby Lobby

www.hobbylobby.com

Collection complète d'articles pour la pâtisserie et la décoration. En anglais seulement.

Jo-Ann Fabrics & Crafts

www.joann.com

Collection complète d'articles pour la pâtisserie et la décoration. En anglais seulement.

King Arthur Flour

www.kingarthurflour.com

Ingrédients, moules et outils à pâtisserie, emporte-pièces. En anglais seulement.

Michaels

www.michaels.com

Collection complète d'articles pour la pâtisserie et la décoration.

Paper Mart

www.papermart.com

Articles pour emballage, rubans, boucles, papier de soie, cartons, sacs de cellophane, boîtes pour mets à emporter. En anglais seulement.

Wilton

www.wilton.com

Collection complète d'articles pour la pâtisserie et la décoration. En anglais seulement.

À propos de l'auteure

Bridget Cavanaugh Thibeault, chef et copropriétaire avec John Emerman et Tatyana Rehn du Luna Bakery & Cafe à Cleveland Heights, en Ohio, a commencé sa carrière dans la publicité à Chicago après avoir obtenu un diplôme de l'Université Marquette. Son amour de la cuisine et sa créativité l'ont ensuite emmenée vers l'école culinaire où elle a obtenu un diplôme d'associée en sciences appliquées dans les arts culinaires du Cooking & Hospitality Institute de Chicago.

Mme Thibeault a ensuite déménagé à New York pour y devenir styliste culinaire, acquérant de l'expérience dans les médias imprimés et à la télévision pour de grandes marques de produits alimentaires et des publications de renom. Comme à-côté créatif, elle a lancé Flour Girl, une entreprise de fabrication de gâteaux et de desserts sur mesure. Elle est retournée à Chicago en 2004 pour travailler à titre de directrice culinaire d'une agence-conseil culinaire, s'occupant du développement de menus et de recettes, d'essai, de rédaction, de création de produits, ainsi que de stylisme culinaire.

En 2006, Mme Thibeault est revenue dans sa ville natale de Cleveland pour se concentrer sur la croissance de son entreprise Flour Girl, ce qui l'a amenée à former un partenariat avec John Emerman et Tatyana Rehn. En 2011, ils ont ouvert Luna Bakery & Cafe, qui propose des petits déjeuners, des déjeuners et des dîners offrant crêpes, salades, paninis, expresso local et café. Leurs spécialités comprennent des pâtisseries, des cupcakes et des gâteaux de mariage préparés sur place à partir d'ingrédients de base. Pour en savoir plus au sujet du Luna Bakery & Cafe, consulter le site www.lunabakerycafe.com.

Remerciements

J'aimerais remercier…

Scott Mievogel, d'Easywind Studio, pour ses magnifiques photos. Mary Ann Hall, Marla Stefanelli et tout le monde de chez Quarry de m'avoir proposé cette amusante aventure.

Brynn Keefe, pour son savoir-faire en matière de stylisme, Caitlin Reynolds, pour ses nombreux talents de bricoleuse, et Sarah Keller, pour son assistance enthousiaste. Mes partenaires, John Emerman et Tatyana Rehn, de m'avoir permis d'entreprendre ce projet au cours de la première année de notre petit café en plein essor, et tout le monde de chez Luna pour leur talent et leur dévouement.

Marc, mon merveilleux mari et mon plus fervent admirateur, et Cavan, notre adorable fils, qui m'a fait rire et sourire chacune de ces longues journées de travail.